W0191576

Moniek Terlouw
Legasthenie und ihre Behandlung

Menschenkunde und Erziehung

67

Schriften der Pädagogischen Forschungsstelle
beim Bund der Freien Waldorfschulen

MONIEK TERLOUW

Legasthenie und ihre Behandlung

VERLAG FREIES GEISTESLEBEN

Aus dem Niederländischen
von Agnes Dom-Lauwers

ISBN 3-7725-0267-9

2. Auflage im Verlag Freies Geistesleben 1997

© 1992, Stichting Vrij Pedagogisch Centrum, Driebergen
Die niederländische Ausgabe erschien 1992
unter dem Titel «Woordblind?»
Deutsche Ausgabe:
© Verlag Freies Geistesleben & Urachhaus GmbH, Stuttgart 1995
Einband: Walter Schneider
Druck: WB Druck, Rieden am Forggensee

Inhalt

Vorwort zur deutschen Ausgabe

Waldorfpädagogik ist eine internationale Aufgabe. Zwar entwickeln sich Kinder überall auf der Welt nach gleichen Gesetzmäßigkeiten, sie haben in der Auseinandersetzung mit den kulturellen Anforderungen – zum Beispiel der Schrift – ähnliche Schwierigkeiten, aber die Haltung, mit der Pädagogen und Eltern diesen Entwicklungsgesetzen und Schwierigkeiten begegnen, ist mitgeprägt durch kulturelle, wissenschaftliche und soziale Traditionen der Gesellschaft, in der sie leben. So viele Länder, so viele Farbtupfer – gemeinsam machen sie erst die Vielfalt der Waldorfpädagogik aus.

So ist es besonders zu begrüßen, daß Moniek Terlouw mit diesem Buch das Bemühen um das «besondere Kind in der Waldorfschule», wie es in den Niederlanden seit längerer Zeit gezielt gepflegt wird, auch für den deutschen Sprachraum vorstellt. Die Vielfalt der praktischen Hinweise sind eine Fundgrube für Lehrer, Förderlehrer und Eltern. Gerade der handlungsorientierte Blick, das Ernstnehmen der Frage «Und was können wir jetzt tun?» kann den aus Deutschland Kommenden, der bei internationalen Treffen niederländischen Waldorfpädagogen (oder auch solchen aus dem angelsächsischen Sprachraum) begegnet, immer wieder erfrischen und beeindrucken. Moniek Terlouws Arbeit zeigt, wie fruchtbar dieser Blick sein kann.

Auch in der Frage der Legasthenie nimmt man in unserem westlichen Nachbarland – wiederum ähnlich wie in der angelsächsischen Welt – eine eher pragmatisch orientierte Haltung ein, innerhalb wie außerhalb der Waldorfpädagogik. Während in Deutschland Ende der siebziger Jahre der Schlachtruf ertönte: «Legasthenie gibt es nicht!» und seitdem bei Pädagogen, Psychologen und Medizinern grundsätzlich umstritten ist, was unter Legasthenie zu verstehen ist – ob es sich dabei um eine oder mehrere Gruppen von Kindern mit ganz spezifischen Schwächen oder Schwierigkeiten handelt oder ob es lediglich um die übliche Verteilung gradueller Unterschiede zwischen Schülern verschiedener Begabung geht, wie sie beim Erlernen jedes Schulfaches vorkommen (Stichwort: Lese-Rechtschreib-Schwierigkeiten) –, hat man in den Niederlanden, Großbritannien und den USA eher unbekümmert weitergeforscht und neue Bausteine zur Erkenntnis der Zusammenhänge zwischen kognitiven Lernvoraussetzungen und den Schwierigkeiten vieler Kinder beim Erwerb der Schriftsprache zusammengetragen.

Moniek Terlouw beruft sich auf vier niederländische Forscher (J. Dumont, C. Kuipers und C. Weggelaar, P. Meesker), die einen Teil dieser Forschung für die Pädagogik fruchtbar machen wollen. Ihre Auswahl ist diskutabel. Sie stellt die Theorien sorgfältig dar und unterscheidet sie von ihren eigenen Beobachtungen und Schlußfolgerungen, so daß sich jeder Leser ein eigenes Urteil bilden kann. Auch mit den Vorarbeiten dreier waldorfpädagogisch orientierter Autoren (A. McAllen, M. Glöckler und W. Holtzapfel) geht sie in ähnlicher Weise um: Sie prüft sie darauf, was sich aus ihnen für die diagnostische und pädagogische Praxis gewinnen läßt. So kann deutlich werden, daß es nicht nur «das» waldorfpädagogische Verständnis der Legasthenie gibt, sondern daß, wie in der übrigen Wissenschaft auch, auf dem Boden anthroposophischer Anthropologie verschiedene Gesichtspunkte möglich sind, die gemeinsam zum Erkenntnisfortschritt beitragen.

An der Darstellung von Moniek Terlouws eigenem Ansatz erscheinen mir zwei Punkte besonders bemerkenswert:

Zum einen folgt sie einer konsequent entwicklungsorientierten Betrachtungsweise. Die kindliche Entwicklung schon im Kleinkind- und Vorschulalter ist aller Aufmerksamkeit wert – gerade auch im Hinblick auf spätere Lernstörungen. Dabei ist weniger entscheidend, ob bereits im Vorschulalter erkennbar ist, welches Kind später legasthenische Schwierigkeiten haben wird. Vielmehr hilft ein heilpädagogisch geschulter Blick allen Kindern, deren Bewegungs-, Sprach- und Wahrnehmungsentwicklung der Förderung bedürfen. Ist nicht der Zeitraum vom fünften bis zum achten Lebensjahr vielleicht künftig gemeinsam von Lehrern und Kindergärtnern pädagogisch zu gestalten, weil so viele Entwicklungsschritte der Kinder sich nicht mehr von allein vollziehen?

Zum anderen weitet Moniek Terlouw das pädagogische Interesse an den im Titel bezeichneten Kindern aus auf alle Kinder mit Lernschwierigkeiten. Viele der diagnostischen und praktischen Hinweise sind nicht nur für Legastheniker fruchtbar, sondern können Eltern, Lehrer und Förderlehrer ganz allgemein anregen. In diesem Sinne wünsche ich diesem Buch viele tatkräftige Leser, die den Dialog mit der Autorin und ihren niederländischen Mitstreitern aufgreifen und die Erkenntnis vertiefen helfen, wie den «besonderen Kindern» im Zusammenwirken von Pädagogik, Heilpädagogik und Therapie noch besser geholfen werden kann.

Herdecke, im März 1995   *Peter Zimmermann*

Vorwort

Oft fühlen wir uns wie Jahrmarkthändler: Wir reisen mit einem großen Koffer von einer Schule zur anderen, um Lehrer und Eltern über ein Kind zu beraten, das Probleme hat. «Wir», das sind die Schulpsychologen des *Landelijke Schoolbegeleidingsdienst voor het Vrije Schoolonderwijs* («Landesweiter Schulbegleitungsdienst für die Waldorfpädagogik»). Neben dem Material, das wir mitbringen, erwarten die Lehrer und Eltern, daß sich auch ein Schlüssel (oder wenigstens der Ansatz eines Schlüssels) in unserem Koffer befindet, mit dem wir das Problem dieses Kindes lösen können. Wenn man dabei die Ideen der Waldorfpädagogik zugrunde legen will, namentlich das anthroposophische Menschenbild, wird die Aufgabe dadurch nicht leichter. Wo die gängige Wissenschaft aufhört, Fragen zu stellen, fängt unsere Aufgabe erst an. Die These «Die Ursache der Legasthenie hängt mit der Funktionsweise des Gehirns zusammen» bedeutet für uns keine Antwort, sondern wirft eine ganze Reihe weiterer Fragen auf.

Gerade das Phänomen Legasthenie bedeutet eine Herausforderung, sich mit diesen tieferliegenden Fragen zu beschäftigen. Das Thema ist außerordentlich aktuell: Regelmäßig finden darüber Kongresse statt, Bücher und Artikel werden publiziert. Und mit Recht – denn in fast jeder Klasse gibt es ein oder mehrere legasthenische Kinder. Auch während unserer Arbeit werden wir immer wieder mit Fragen von Eltern und Lehrern konfrontiert: Was ist Legasthenie? Vor allem aber werden wir gefragt: Wie kann man einem legasthenischen Kind helfen?

Wir haben uns daraufhin entschlossen, unsere Einsichten und Erfahrungen als Hilfe für Eltern und Lehrer aufzuschreiben. Zu fünft ein Buch zu schreiben ist praktisch kaum möglich, darum fiel letztlich diese Aufgabe mir zu. Aber zum Schreiben braucht man Zeit, viel Zeit. Wie ist das einzurichten, wenn man ein Leben zwischen Familie und Arbeit führt? Eine Reihe von Menschen haben es mir schließlich ermöglicht, daß ich für dieses Buch die Zeit gefunden habe.

An erster Stelle sind das meine Kollegen vom *Schoolbegeleidings-dienst,* die meine Arbeit an den Schulen übernommen haben und Zeit gefunden haben, um das Manuskript zu lesen und es mit kritischen Bemerkungen zu versehen. Ein weiterer Kollege hat sich die Zeit genommen, das Manuskript zu tippen. Freunde, Verwandte und Ehemann haben dazu beigetragen, daß ich teilweise von der Sorge für die Familie entlastet war. Die durch die Hilfe dieser Menschen gewonnene Zeit ist in Kreativität umgewandelt worden, und ich kann nur hoffen, daß diese Arbeit eine Stütze für die Erzieher legasthenischer Kinder sein wird, so daß sie letztlich den Kindern selbst zugute kommt.

Aber nicht nur Zeit war nötig, um dieses Buch zustande zu bringen, auch Theorien, Ideen, Erkenntnisse und Übungen wurden gebraucht. Auch dazu haben viele beigetragen. Wenn die Quellen zu vermitteln waren, habe ich sie selbstverständlich erwähnt. Vieles aber habe ich irgendwann einmal gehört oder gesehen, an irgendeiner Waldorfschule, bei irgendeinem Lehrer während des Unterrichts, bei einer Lehrertagung, während einer Studiengruppe, irgendwann im Leben ... Diese Quellen sind nicht mehr ausfindig zu machen, aber letztlich kommt doch alles aus einer unerschöpflichen Quelle: der Waldorfpädagogik und dem zugrundeliegenden anthroposophischen Menschenbild.

Mein Dank gilt allen, die auf irgendeine Weise zum Zustandekommen dieses Buches beigetragen haben.

Moniek Terlouw

11

Einleitung

Es scheint immer häufiger vorzukommen: Kinder lernen nicht wie selbstverständlich lesen, oder es gelingt ihnen nicht, die einfachsten Wörter zu schreiben, sosehr sie sich auch bemühen. In solch einem Falle fragen sich Eltern und Lehrer, was da wohl vorliegen mag. «Sie ist nicht dumm, aber sie wirft immer noch die Buchstaben durcheinander – sie wird doch nicht legasthenisch sein?»

Wortblindheit, Leseblindheit, Dyslexie und Legasthenie scheinen Modeworte geworden zu sein. Es sind Berge von Büchern und Artikeln über das Phänomen geschrieben worden; nicht zu Unrecht, wenn man bedenkt, daß fast zehn Prozent aller Kinder mehr oder weniger unter Lese- und Schreibschwierigkeiten leiden, und sich vorstellt, welch schwere Last dies für jedes einzelne Kind bedeutet!

Schon um die Jahrhundertwende wurde zum erstenmal diese Art von Lese- und Rechtschreibproblemen beobachtet. Man nannte es damals «Wortblindheit» oder «Leseblindheit». Diese Bezeichnungen sind aber verwirrend, weil es sich hier nicht um Blindheit im eigentlichen Sinne handelt. Heutzutage wird dieses Phänomen allgemein als Dyslexie oder Legasthenie bezeichnet. Der Begriff Dyslexie stammt aus dem Griechischen und bedeutet ‹schwer oder schlecht lesen können›. In der Waldorfpädagogik ebenso wie allgemein im deutschsprachigen Raum verwendet man gewöhnlich das Wort Legasthenie.

Man spricht von Legasthenie, wenn es einem Kind mit normaler Intelligenz schwerfällt, lesen zu lernen, oder wenn es mit der Rechtschreibung Schwierigkeiten hat. Aber das ist nur ein Teil des Problems. Oft kommen noch andere Probleme, wie Konzentrationsschwäche, eine unharmonische motorische Entwicklung, ein schlechtes Kurzzeitgedächtnis, emotionale Schwierigkeiten und manchmal auch Reisekrankheit, Linkshändigkeit und Farbenblindheit, hinzu.[1] Auch bei einem Kind, das noch nicht lesen und schreiben gelernt hat, können diese Symptome bisweilen schon vorher wahrgenommen werden. Deswegen sollte man besser von einer Lernstörung in einem etwas weiteren Sinne sprechen. Es hat sich nämlich herausgestellt, daß das hier geschilderte Problem mit der gesamten Entwicklung des Kindes zusammenhängt, und zwar mit dem ganzen Prozeß des *Kennenlernens* der Welt, der eigentlich schon unmittelbar nach der Geburt anfängt und von dem das Lesen- und Schreibenlernen nur ein Teil ist.

Es gibt eine Anzahl verschiedener Theorien über die Ursachen der Legasthenie, die in dem Kapitel «Begreifen» (S. 33 ff.) dargestellt werden. Wenn man diese Theorien aus dem Menschenbild heraus betrachtet, das der Waldorfpädagogik zugrunde liegt, so bekommt man das Gefühl, daß sie nur einen Teil der Wirklichkeit beschreiben. Und was noch wichtiger ist: Die Behandlungsmethoden, die aus diesen Theorien resultieren, widersprechen oft der Art und Weise, wie in der Waldorfschule mit dem Lehrstoff umgegangen wird und wie die Entwicklung des Kindes dort angeschaut wird.

Inzwischen ist innerhalb der Waldorfpädagogik vieles zum Erkennen und Behandeln der Legasthenie entwickelt worden. In Deutschland sind bereits seit 1975 Beiträge über Legasthenie in der Zeitschrift *Erziehungskunst* erschienen.[2] Vor allem Walter Holtzapfel und Michaela Glöckler haben sich mit diesen Problemen beschäftigt und sehr zu einem besseren Verständnis der Legasthenie beigetragen. In England beschäftigt sich Audrey McAllen schon seit Jahren mit diesem Problem. 1974 erschien ihr Buch *The extra Lesson*, das Übungen für Kinder mit Lese-, Rechtschreib- und Rechenschwächen enthält.[3]

Sowohl die Ideen von Michaela Glöckler als auch die von Audrey McAllen und anderen Autoren können eine Hilfe für jeden Klassenlehrer beim Erkennen, Begreifen und Behandeln dieser Art von Lernstörungen sein. Da die genannten Veröffentlichungen nicht leicht zugänglich sind (zum Teil sind sie als Artikel erschienen oder als Protokolle von Vorträgen) und in der Darstellungsform oft anspruchsvoll gehalten sind, erscheint es uns wichtig, daß die darin enthaltenen Ideen Lehrkräfte und Eltern besser erreichen.

Außerdem sind in den Niederlanden (außerhalb der Waldorfschulbewegung) viele gute Ansätze zum Problem der Legasthenie entwickelt worden, die als sinnvolle Ergänzung zu den Ideen von Michaela Glöckler und Audrey McAllen betrachtet werden können. Ich denke hierbei besonders an die Ideen über die Bedeutung der motorischen Entwicklung, die von P. Mesker entwickelt wurden und in seinen Schriften *De menselijke hand* und *Kunnen en niet kunnen* ihren Niederschlag gefunden haben. Diese Ideen sind unter anderem von Christine Kuipers und Cees Weggelaar für die Behandlung legasthenischer Kinder ausgearbeitet worden.[4] Ihre Ideen und die daraus folgende Behandlungsmethode scheinen unter bestimmten Bedingungen gut in die Waldorfpädagogik zu passen.

Das vorliegende Buch verfolgt drei Ziele:
– Lehrern und Eltern beim (frühzeitigen) Erkennen von Legastheniesymptomen zu helfen
– darzustellen, wie die Waldorfpädagogik aus dem ihr zugrundeliegenden anthroposophischen Menschenbild die Hintergründe der Legasthenie erklärt
– konkrete Ratschläge für die Betreuung und die Begleitung der legasthenischen Kinder und Jugendlichen im Alter von vier bis achtzehn Jahren in Schule und Elternhaus zu geben.

Überall, wo in den folgenden Kapiteln von konkreten Unterrichtssituationen die Rede ist, handelt es sich um die Unterrichtspraxis der Waldorfschule. Es wird vorausgesetzt, daß der Leser darüber einigermaßen Bescheid weiß.

Erkennen

Was nimmt man bei legasthenischen Kindern wahr?

Rosa

Rosa ist ein langes, blondes Mädchen von sechs Jahren. Sie ist noch im Kindergarten, aber nach den Sommerferien wird sie in die erste Klasse kommen. Wenn sie lacht, sieht man, daß sie schon einen neuen Zahn hat und daß ein anderer Zahn wackelt. In der Gruppe gehört sie wirklich zu den «großen» Kindern. Während des freien Spielens bastelt sie gerne. Zusammen mit dem Mädchen neben ihr häkelt sie mit den Fingern ein Pferdegeschirr. Es wird fröhlich geschwatzt, aber auch tüchtig geschafft. Während des Spielens im Freien geht Rosa auf die Kindergärtnerin zu und will ihr etwas erzählen. Sie fängt begeistert an, verhaspelt sich aber schon bald in ihren Worten. Mit gerunzelter Stirn denkt sie tief nach, während sie nach Worten zu suchen scheint. Sie schlägt sich verzweifelt an die Stirn und sagt mit einem nachdenklichen Gesicht: «Ich weiß es nicht mehr.» – «Wer war bei dir?» fragt die Kindergärtnerin, die so viel verstanden hat, daß Rosa auf einem Bauernhof für Kinder war. «Ich weiß nicht mehr, wie sie heißt …», sagt sie und deutet dabei auf das Mädchen, das mit ihr zusammen gehäkelt hat. Der Kindergärtnerin ist schon mehrmals aufgefallen, daß Rosa plötzlich nicht mehr weiß, wie ihre Freundin heißt, oder daß sie etwas nicht erzählen kann, weil sie die richtigen Worte dazu nicht zu kennen scheint.

Rosa ist immer bereit, für die Kindergärtnerin eine Kleinigkeit zu erledigen oder etwas zu holen, aber oft kehrt sie mit dem Falschen oder nur der Hälfte des Gefragten zurück, oder sie hat zum Beispiel vergessen, daß sie auch die Kanne mitbringen sollte. Fragt die Kindergärtnerin, was sie zum Geburtstag bekommen hat, weiß sie es nicht mehr. Zu ganz alltäglichen Sachen wie einer Tasse oder einem Ball fallen ihr manchmal die Namen nicht ein. Die Sprüche und Liedchen aus dem Kindergarten kann sie gar nicht behalten. Es fällt der Kindergärtnerin auf, daß sie beim gemeinsamen Singen die Worte falsch ausspricht oder Sätze umformt. Oft scheint sie gar nicht zu verstehen, wie ein Spiel vor sich geht, und das macht sie verstimmt und traurig. Wie ist es möglich, daß Rosa, die doch sonst so geschickt ist und meistens sehr gut weiß, was sie will, bei einem einfachen Spiel völlig den Kopf verlieren kann? Sie macht bestimmt keinen dummen Eindruck, aber sie ist sehr vergeßlich und begreift oft nicht, was gesagt wird, während sie zu anderen Zeiten die Lage sehr gut einschätzen kann.

Mark

Mark ist mager, von feinem Wuchs und hat glattes, blondes Haar. Er ist in der dritten Klasse und sitzt im Klassenzimmer ganz vorne. So kann der Lehrer ihn gut im Auge behalten, denn er muß Mark immer wieder zurechtweisen und ihm häufig beim Lernen helfen. Mark ist gerade acht Jahre alt, und obwohl er der Jüngste und Kleinste in der Klasse ist, möchte er gerne zu den großen Jungen gehören. Diese finden es toll, wenn Mark, nachdem der Lehrer energisch um Ruhe gebeten hat, noch schnell einen komischen Laut von sich gibt.

Eigentlich ist Mark sehr tüchtig, aber sosehr er sich auch anstrengt, bringt er es einfach nicht fertig, das an die Tafel Geschriebene rechtzeitig abzuschreiben. Eigentlich möchte er sein Heft säuberlich führen, aber es wird doch immer ein einziges Geschmiere. Die Buchstaben wollen nun mal nicht zwischen den Linien bleiben. Dann macht er das «b» wieder falsch herum, so daß er es verbessern muß, oder sein Füller fängt plötzlich zu klecksen an. Das Aneinanderschreiben der Buchstaben gelingt noch gar nicht, und häufig weiß er nicht, wo er weitermachen muß.

Dann verliert er den Mut und versucht, die Aufmerksamkeit der großen Jungen auf sich zu ziehen. Wenn ihm der Lehrer in der Klasse eine Frage stellt, erschreckt er und wird rot. Er schlägt die Augen nieder und sagt kein Wort, selbst wenn er eigentlich die Antwort weiß.

Augenblicklich ist sein größtes Problem, daß er noch nicht lesen kann. Fast alle Kinder aus der Klasse können es schon. Jeden Abend übt er mit seinem Vater, aber dessen Geduld ist bald erschöpft, und Mark kann d und b noch immer nicht auseinanderhalten; j kennt er auch noch nicht, und wenn er beim Lesen am Ende einer Zeile angekommen ist, hat er den Anfang schon wieder vergessen.

Er bekommt Bauchweh, wenn er daran denkt, daß sie bald wieder Rechenepoche haben werden. Er bringt es wirklich nicht fertig, beim Einmaleins zu lernen: «2 = 1 · 2, 4 · 2 = … – o nein, 4 = 2 · 2, 3 = 2 · 3 … nein, wo war ich?» Es kommt auch vor, daß er plötzlich nicht mehr weiß, wie man 71 schreibt: erst die 7 oder erst die 1. Im Kopf zu rechnen fällt ihm eigentlich leichter als schriftlich zu rechnen, aber wenn der Lehrer ihn plötzlich nach dem Ergebnis fragt, dann hat er die Zahl, die er gerade ausgerechnet hat, schon wieder vergessen.

Als Baby weinte Mark ziemlich viel, aber das legte sich nach dem ersten Jahr. Er wurde ein fröhliches Kleinkind, das im üblichen Alter gehen und sprechen lernte. Seine Gesundheit war gut. In der Spielgruppe fühlte er sich richtig wohl, und auch in den Kindergarten ging er mit viel Freude. Er malte dort viel und schön. Er hatte Phantasie und konnte gut spielen.

Die Kindergärtnerin war sich nicht sicher, ob Mark schon schulreif war, denn erst im September würde er sechs werden, und der Zahnwechsel hatte noch nicht eingesetzt. Die Eltern waren aber der Meinung, ihr Sohn wisse schon genau, was er wolle, und könne das auch gut zum Ausdruck bringen, so daß sie sich letzlich entschlossen, ihn einzuschulen. Noch ein weiteres Jahr im Kindergarten: das würde doch langweilig für ihn werden, meinten die Eltern. Im Laufe des ersten Schuljahres wurden seine Zeichnungen zusehends schlechter; seine schönen, farbigen Kindergartenbilder verschwanden. Zu Hause konnte er alle Geschichten des Lehrers recht gut nacherzählen, aber er wußte nicht mehr, welchen Buchstaben er schon wieder dazugelernt hatte.

Während der zweiten Klasse klagte Mark morgens, bevor er zur Schule ging, zunehmend über Bauchschmerzen. Der Lehrer erzählte den Eltern, daß Mark wohl sehr langsam arbeite und seine Arbeit häufig einen schlampigen Eindruck mache. Dennoch hatte er das Gefühl, daß Mark alles, was in der Klasse geschah, schon in sich aufnahm. Ganz sicher war sich der Lehrer zwar nicht, denn jedesmal, wenn er

Mark aufrief, fuhr dieser zusammen und konnte keine Antwort geben. Die Buchstaben waren noch schwierig für ihn, aber er war ja noch jung; das würde sich schon noch geben, meinte der Lehrer. Der Vater versprach, zu Hause das Lesen ein wenig mit ihm zu üben. Als Mark in der dritten Klasse war, hatten die Eltern um Ostern herum wiederum ein Gespräch, in dem der Lehrer schilderte, wie Mark sich allmählich zum Klassenclown entwickle und sich aufspiele, um zu den größeren Jungen zu gehören. Seine Arbeiten würden nie fertig, und sie sähen schrecklich aus. Lesen könne er immer noch nicht. Der Vater räumte ein, daß er die Geduld nicht mehr aufbringen könne, um Mark zu helfen. Das Lesenlernen schien nicht vorwärtszugehen. Ein Wort, das Mark an einem Tag flott lesen konnte, erkannte er am nächsten gar nicht mehr.

Rosa und Mark ... Ähnlichkeiten mit wirklichen Personen sind nicht zufällig. Es gibt leider viele Rosas und Marks und noch sehr viele andere Kinder, die, obwohl sie nicht dumm sind, doch viel Mühe haben, lesen, schreiben und zuweilen auch rechnen zu lernen. Jedes Kind ist anders, und bei jedem Kind zeigen sich die Probleme etwas unterschiedlich. Dennoch kann man bei vielen legasthenischen Kindern eine Anzahl gemeinsamer Phänomene wahrnehmen.

Säuglings- und Kleinkindalter

Lernprobleme werden bei einem Kind natürlich erst entdeckt, wenn es lesen und schreiben lernt. Es gibt keine «legasthenischen Babys». Wenn es schon in den ersten Lebensjahren Auffälligkeiten gab, die auf spätere Lernprobleme hätten deuten können, dann kann man sie nur im nachhinein feststellen. Welche Eltern wissen nach sechs oder zehn Jahren noch genau, wie ihr Kind gekrabbelt ist oder wie es laufen und sprechen gelernt hat? Jedes Kind lernt es ja wiederum ganz anders als seine Geschwister. Was ist normal? Was ist einfach «eigen-artig», und welche Phänomene deuten auf eventuelle spätere Lernstörungen?

Diese Fragen sind nicht eindeutig zu beantworten. Jedenfalls ist bei einem Kind jede Phase seiner motorischen Entwicklung von essentieller Bedeutung für die Entwicklung eines richtigen Verhältnisses zur Umgebung und damit eine wichtige Voraussetzung für das Lernen (siehe S. 41 ff.). Wenn bei einem Kind Lese- und Rechtschreibprobleme festgestellt werden, hört man von den Eltern häufig, daß es als Säugling und Kleinkind mit allem etwas langsamer war als seine älteren Geschwister oder daß es gerade mit allem recht flott war. «Sie konnte kaum krabbeln, da fing sie schon an, sich an allem hochzuziehen, und innerhalb weniger Wochen konnte sie laufen, noch vor ihrem ersten Geburtstag.»

Viele legasthenische Kinder scheinen wohl Unregelmäßigkeiten in ihrer motorischen Entwicklung aufzuweisen: Sie sind langsamer als andere Kinder oder überspringen einzelne Phasen. Vor allem das «echte» Krabbeln auf Händen und Knien überspringen viele dieser Kinder. Bei manchen kommt noch eine verlangsamte Sprachentwicklung hinzu: Sie haben erst spät mit dem Sprechen angefangen oder haben lange unverständlich gesprochen, wobei sie sich durch Zeigen oder durch andere Gebärden anstatt durch Sprechen verständigten. Oft ist es die Kindergärtnerin oder eine Freundin, die die Eltern darauf aufmerksam macht – die Eltern wissen ja, was ihr Kind meint!

Auffallend ist außerdem, daß viele legasthenische Kinder im Kleinkindalter Probleme mit den Ohren hatten; manche wurden hin und wieder mit einer Mittelohrentzündung oder Perioden der Schwerhörigkeit geplagt. Abgesehen von diesen Auffälligkeiten sind diese Kinder im allgemeinen gesund und lebenslustig. Manchmal geht es ihnen gut, manchmal schlecht; mit Höhen und Tiefen erobern sie sich die Welt, auf ihre eigene Weise. Sie sind wie alle Kinder.

Das Kindergartenkind

Das Kind wird vier und darf jetzt in den Kindergarten gehen – ein großes Ereignis in jedem Kinderleben. Ab jetzt ist es täglich zusammen mit einer Gruppe gleichaltriger Kinder und einem Kindergärtner oder einer Kindergärtnerin, die wahrscheinlich schon viele Kinder gesehen haben.

Gibt es Besonderheiten in der Entwicklung des Kindes, dann werden sie jetzt deutlicher hervortreten. Ein eventueller Rückstand in der Sprachentwicklung wird sich zeigen, wenn das Kind mit anderen Kindern zusammen ist oder der Kindergärtnerin etwas erzählt. Das schon etwas ältere Kind wird zu Hause vielleicht die Lieder und Sprüche aus dem Kindergarten singen und nachspielen und gibt so den Eltern noch die Möglichkeit herauszuhören, ob ihr Kind die Worte richtig behalten hat und sie gut ausspricht.

Ein Kindergartenkind ist ständig in Bewegung. Um das fünfte Lebensjahr herum ist es schon sehr geschickt im Bauen und Klettern, es bewegt sich harmonisch, und es kann sich bereits ganz behutsam verhalten. Im Kindergarten gibt es jeden Morgen einige fünf- oder sechsjährige Jungen, die riesige Türme bauen: Kisten werden aufgestapelt, mit Brettern verbunden, und obendrauf kommt dann noch ein Holzklotz. Das Bauwerk reicht fast bis zur Decke. O Schreck, da klettert der Baumeister nach oben und nistet sich behaglich in seinem hohen Aussichtsturm ein. Der Turm wackelt ein wenig, bleibt aber stehen. Die Kindergärtnerin bemerkt es wohl, aber sie sieht keinen Grund einzugreifen. Sie vertraut ihren kleinen Baumeistern und Kletterern, denn die kennen die Gesetze der Schwerkraft und wenden sie meisterhaft an.

Um so mehr fällt ein Kind auf, das oft hinfällt und stolpert, leicht Sachen umwirft oder aus Versehen das Bauwerk anderer Kinder zerstört. Ein solches Kind wagt sich selten auf so einen hohen Turm. Diese Art von Ungeschicklichkeit können auch die Eltern bei alltäglichen Handlungen, etwa beim Anziehen oder Tischdecken, bemerken. Ein fünfjähriges Kind kann im allgemeinen sich allein anziehen, es kann auch Knöpfe und Reißverschluß zumachen. Es gibt aber Kinder, denen das sehr schwerfällt, weil sie nicht wissen, was bei einem Kleidungsstück oben oder unten, vorne oder hinten ist; oder ihren kleinen Fingern gelingt es noch nicht, die genauen Bewegungen zu machen, um ein Knöpfchen durch das Knopfloch zu schieben.

Ein fünfjähriges Kind kann beim Tischdecken schon tüchtig helfen; was es dabei zu tun gibt, macht es gut und selbständig. Andere Kinder aber vergessen immer wieder, wohin Teller und Becher auf den Tisch gelegt werden, wo die Sachen im Schrank stehen und wer an welchem Platz sitzt. Ihnen fällt immer wieder etwas aus den Händen, so daß die Eltern es lieber selber machen. Solche Berichte hört man oft über Kinder, bei denen sich später eine Legasthenie herausstellt.

Wenn mehrere nachfolgende Phänomene bei einem Kind auftreten, dann kann das eine erste Andeutung für Legasthenie sein (besonders wenn Legasthenie in der Familie schon vorgekommen ist):

1. Die Sprachentwicklung und/oder die motorische Entwicklung verlaufen im Kleinkindalter langsam oder unregelmäßig, und bestimmte Phasen werden übersprungen.
2. Probleme mit den Ohren treten auf.
3. Ungeschicklichkeit und schlechte Orientierung im Kindergartenalter sind zu beobachten.
4. Das Kind leidet oft an Reisekrankheit.
5. Es kann nur schwer die Namen der Farben lernen und behalten.
6. Die Kindergärtnerin beobachtet, daß das Kind nicht gerne malt, oder sie bemerkt Auffälligkeiten in seinen Bildern.

Die erste Klasse

Erstkläßler sind ein wißbegieriges Völkchen. Vor allem in den ersten Tagen und Wochen nehmen sie alles, was erzählt wird, gespannt in sich auf. Sie verehren die neue Lehrerin oder den neuen Lehrer, und voller Begeisterung stürzen sie sich auf die Buchstaben, die gelernt werden müssen: auf den Bären-, den Königs- und den Wasserbuchstaben. Die meisten Kinder lernen die Buchstaben spielerisch, sie können sie wunderschön malen und vergessen kaum noch, wie sie heißen.

Auch legasthenische Kinder können sich gut mit den Buchstabenbildern verbinden. Was ihnen oft aber viel schwerer fällt, ist das Formenzeichnen. Wenn sie eine spiegelbildliche Form zeichnen müssen, geraten sie erst recht durcheinander. Selbstverständlich ist das Formenzeichnen für alle Erstkläßler neu, aber fast alle meistern es nach kürzerer oder längerer Zeit. Die Formenzeichnungen der legasthenischen Kinder bleiben jedoch weiterhin auffällig. Man sieht, wie das Kind sich wirklich angestrengt hat; aber die Linien sind manchmal dick, über manche Stelle ist es mehrmals gefahren, um die Form zu verbessern; oder die Form ist zwar in einem Zug hingezeichnet, aber das Kind schien nicht bemerkt zu haben, daß es eine ganz andere Form als seine Klassenkameraden gezeichnet hat.

Die motorische Ungeschicklichkeit, die oft schon im Kindergarten beobachtet wurde, tritt in der ersten Klasse am deutlichsten hervor, wenn die Kinder Seilhüpfen lernen. Für viele legasthenische Kinder ist das eine fast unmögliche Aufgabe. Auch beim Laufen oder Klatschen von Rhythmen im Kreis oder beim Ballwerfen und -fangen wollen ihre Arme und Beine einfach nicht im richtigen Moment die richtige Bewegung machen. Und dann sollen sich Arme und Beine auch noch zu gleicher Zeit bewegen! Stricken zu lernen ist für sie eine schwere Aufgabe, mit der sie das ganze erste Jahr beschäftigt sind. Manchen gelingt es, ihr Unvermögen geschickt zu verstecken, indem sie einfach nicht mitmachen: Wer nichts macht, kann wohl nichts falsch machen.

Weil die Kinder in der ersten Klasse noch nicht so sehr einzeln gefordert werden, ist es nicht einfach herauszufinden, wer schon etwas kann oder wem es noch nicht gelingt. Der Lehrer muß sich bei jedem Kind, das ihm auffällt, fragen: Braucht es nur länger, um sich in der ersten Klasse einzugewöhnen, oder fällt es ihm weiterhin schwer, mit einer Gruppe zu arbeiten? Hat sein Unvermögen tiefere Ursachen?

Gewöhnlich merken die Eltern zu Hause wenig von den Schwierigkeiten, die ihre Kinder in der Schule haben. Die meisten Kinder sind sich dieser Schwierigkeiten nicht oder kaum bewußt, oder sie vergessen die Schulprobleme, wenn sie wieder zwischen ihren Autos und Bauklötzen sind. Es kommt auch vor, daß ein Kind nach einem halben Tag Schule extrem müde ist oder nie etwas darüber erzählt, was sich in der Schule abspielt. Das könnte darauf hindeuten, daß es in einen Lernprozeß noch nicht hat einsteigen können.

Zusammenfassend kann man sagen, daß sich viele legasthenische Kinder in der ersten Klasse schwertun mit Formenzeichnen, Rhythmenlaufen, Seilhüpfen, Strickenlernen und Ballspielen. Aber nicht alle Kinder, bei denen diese Schwierigkeiten auftreten, werden später auch Lernprobleme haben. Ein Kind braucht manchmal das ganze erste Schuljahr, um sich ganz und gar an die «große Schule» zu gewöhnen. Das eine Kind benötigt für diesen Reifungsprozeß nun einmal mehr Zeit als ein anderes. Am Ende der ersten Klasse sollte die Zeit der Eingewöhnung aber vorbei sein.

Die zweite Klasse

Die Kinder kennen alle Buchstaben, und jetzt kann das richtige Lesen beginnen. Die Entdeckung, daß es auf dem Weg zur Schule überall Buchstaben und Worte zu lesen gibt, ist wie ein Fest. Wie die Größeren fühlen sich die Kinder jetzt. Ein noch größeres Fest ist die Erfahrung, daß ein anderer Buchstaben und Worte, die man selbst geschrieben hat, lesen kann, ohne daß ihm gesagt werden muß, was da steht. Das eine Kind kann am Anfang der zweiten Klasse auf einmal «wie von selbst» lesen, ein anderes wartet noch bis zum Ende des zweiten oder zum Anfang des dritten Schuljahres. Jedes Kind verfolgt dabei sein eigenes Tempo.

Häufig fallen legasthenische Kinder im zweiten Schuljahr besonders beim Abschreiben von der Tafel auf. Wie schwer fällt es ihnen, die Buchstaben gleich groß (oder klein) zu schreiben, auf einer Linie anzuordnen und zu behalten, auf welcher Seite man anfängt und wo man beim Abschreiben stehengeblieben ist. Jeden Tag beginnen sie von neuem mit frischem Mut, aber nach einigen Zeilen wird die Seite doch wieder ein Wirrwarr von Buchstaben; Worte sind darin kaum zu erkennen. Jetzt, wo «Bären» und «Könige» verschwunden sind, ist es für sie viel schwieriger, sich an die Namen der Buchstaben zu erinnern.

Wenn die Klasse Reimwörter oder beispielsweise Wörter mit einem B oder einem R sucht, kann es manchmal zu einer peinlichen Situation kommen. Sagt die Lehrerin «Haus», dann rufen einige Kinder begeistert: «Maus», «Laus», «raus». «Katze» sagt Mark nach langem Nachdenken mit rotem Kopf. Die Frage «Welchen Buchstaben hört ihr als ersten?» können viele legasthenische Kinder unmöglich beantworten.

Es gibt legasthenische Kinder, die sich vor allem schwertun, Formen zu zeichnen, Buchstaben richtig zu gestalten und von der Tafel abzuschreiben. Andere haben prächtige Hefte, und sie malen schön, aber sie hören nicht richtig, welche Buchstaben in einem Wort sind und wie die Abfolge der Buchstaben ist. Sie haben es schwer, Gedichtchen zu behalten und Reimwörter auszudenken. Bei anderen wieder ist in der zweiten Klasse nichts Besonderes an ihrer Arbeit zu bemerken, aber ihre motorische Ungeschicklichkeit ist auffallend. Kombinationen dieser drei Problemgebiete kommen auch vor. Oft haben es legasthenische Kinder außergewöhnlich schwer mit dem Flötenspielen. Es gelingt ihnen nicht, die Löcher der Flöte ganz zuzuhalten. «Endlich habe ich ein Loch zu, da muß ich es schon wieder aufmachen!» denken sie.

Mit größter Spannung erwarten die Eltern den Augenblick, daß ihr Kind lesen lernt; es ist ein fast genauso großes Ereignis wie das Gehenlernen. Gelingt ihm das im zweiten Schuljahr nicht, fangen die Eltern an, sich Sorgen zu machen. Manchmal müssen sie sich einfach nur noch ein wenig zu gedulden; es könnte aber auch das erste Anzeichen sein für eine vorhandene Legasthenie.

In der zweiten Schuljahreshälfte wird in vielen niederländischen Waldorfschulen eine «Zweitklaßuntersuchung» durchgeführt.[5] Auf Seite 87 f. werden wir diese Untersuchung ausführlicher besprechen. Ihr Ziel ist es, sich ein Bild zu machen, inwieweit bei den Schülern die Lernvoraussetzungen erfüllt sind. Nahezu alle legasthenische Kinder weisen dabei Lücken auf. Diese Untersuchung bietet also eine zusätzliche Möglichkeit, eine solche Art von Lernproblemen frühzeitig zu erkennen.

In bestimmten Fällen wird diese Untersuchung nur bestätigen, was die Eltern und Lehrer schon beobachtet haben. In anderen Fällen aber wird sie zum erstenmal ans Licht bringen, daß ein Kind viele «kleine» Dinge noch nicht kann und daß die Probleme nicht abgetan werden dürfen mit Urteilen wie «es hat heute keine Lust», «es ist noch nicht soweit» oder «es ist noch schnell abgelenkt, aber es kann es wohl».

Die dritte Klasse

Im dritten Schuljahr wird der in den vorigen Schuljahren begonnene Prozeß weitergeführt: Die Kinder erwerben sich die «Werkzeuge», das heißt die Grundfähigkeiten, für das Lernen überhaupt. Die wichtigsten Fähigkeiten, die jetzt beherrscht werden sollten, sind:

1. richtige Handhabung einer Feder: zwischen Daumen und Zeigefinger gehalten, gestützt auf den Mittelfinger und geführt von den Fingerspitzen
2. Schreiben und Lesen aller Buchstaben und Laute in einfachen Worten

3. Kombinieren unterschiedlicher Bewegungen, etwa beim Seilhüpfen
4. Kombinieren von Sehen und Tun, wie beim Ballfangen oder beim Abschreiben von der Tafel
5. Kombinieren von Hören und Tun, beispielsweise beim Erledigen eines kleinen Auftrages, oder Laufen im Rhythmus eines Liedes oder Spruches
6. Unterscheiden von links und rechts, sowohl am eigenen Körper als auch in der Umgebung
7. die Zahlen bis tausend zu kennen und schreiben zu können
8. Zusammenzählen und Abziehen der Zahlen bis hundert ohne Hilfe der Finger oder eines anderen Hilfsmittels
9. das Einmaleins
10. genügend Konzentration und Ausdauer, um eine Aufgabe selbständig erledigen zu können
11. ein gutes Kurzzeitgedächtnis, so daß visuell oder auditiv angebotenes Material aufgenommen und kurze Zeit festgehalten werden kann, lange genug, um damit etwas zu tun (wie beim Kopfrechnen) oder um es im Langzeitgedächtnis zu speichern.

Legasthenische Kinder eignen sich diese Grundfähigkeiten nicht ohne weiteres an. Schauen wir ihnen doch nur bei der Arbeit zu: Oft halten sie ihre Feder krampfhaft fest und bewegen sie aus dem Handgelenk oder manchmal sogar noch aus dem ganzen Arm heraus. Natürlich wirkt sich das auf ihre Handschrift aus. Die Buchstaben schön zu gestalten fällt ihnen schwer; sie befinden sich nicht auf der Linie und sind unregelmäßig in Form und Größe.

Richtig lesen können diese Kinder meistens erst im Laufe der dritten Klasse. Häufig lesen sie langsam und machen Pausen nach jedem Wort. Wenn sie schneller lesen, raten sie und lesen dann zum Beispiel «Burg» statt «Schloß». Manchmal erfassen sie die Buchstabenformen auch spiegelbildlich, sie lesen also «deißt» statt «beißt», oder die Reihenfolge der Buchstaben wird geändert, also «From» statt «Form» oder «Gsla» statt «Glas». Manchmal wird ein Wort ausgelassen, eine ganze Zeile übersprungen oder ein Wort gelesen, das oberhalb oder unterhalb des zu lesenden Wortes steht. Die Kinder versuchen das durch Begleiten mit dem Finger zu vermeiden. Das Lesen ist deshalb sehr anstrengend für sie, und oft ist es ihnen zuwider.

Hinzu kommt, daß legasthenische Kinder in zunehmendem Maße dadurch auffallen, daß sie beim Schreiben nicht nur viel mehr Fehler machen als andere Kinder, sondern auch noch Fehler begehen, die bei den meisten anderen Kindern (nach der zweiten Klasse) nicht mehr vorkommen.

Solche Fehler sind:

1. Buchstaben werden spiegelbildlich getauscht: b/d, p/q, u/n und m/w.
2. Buchstaben oder ganze Silben werden weggelassen: «gebraust» wird dann etwa «gbrat» oder «gbaut».
3. Die Reihenfolge der Buchstaben wird geändert; bei au, ie, eu und ei werden die Buchstaben vertauscht, oder Buchstaben und sogar Silben bekommen einen anderen Platz im Wort, zum Beispiel «gefahren» wird «fargen».

Hinzu kommen noch die «Regelfehler», die zunächst alle Kinder mehr oder weniger machen, die jedoch bei legasthenischen Kindern hartnäckiger und viel häufiger auftreten, wie zum Beispiel:

4. die Anwendung von ch und g, ss und ß
5. d und t am Wortende
6. das Verdoppeln der Konsonanten, wenn ein kurzer Vokal vorangeht; dazu gehört auch, daß z zu tz und k zu ck wird
7. Groß- und Kleinschreibung.

Es gibt, wie gesagt, legasthenische Kinder, die ihre liebe Not mit dem Abschreiben von der Tafel haben: Buchstaben und Wörter werden übersprungen, Buchstaben werden spiegelbildlich geschrieben, oder die Buchstabenfolge wird geändert. Diese Arbeit bedeutet für sie eine unglaubliche Kraftanstrengung.

Aber auch beim Rechnen haben sie Probleme. Das Einmaleins zu lernen fällt ihnen häufig außerordentlich schwer. Ziffern werden manchmal spiegelbildlich geschrieben und Zahlen umgekehrt; so können sie zum Beispiel 15 statt 51 schreiben. Beim Kopfrechnen die Aufgaben zu behalten bereitet ihnen oft Schwierigkeiten, denn hierbei läßt sie das Kurzzeitgedächtnis im Stich.

Bei vielen Dingen können sie jedoch auch zu tiefen Einsichten kommen. Erzählungen und Begebenheiten, die schon vor längerer Zeit stattgefunden haben und die sie sehr beeindruckt haben, vermögen sie oft recht gut zu behalten.

Legasthenische Kinder fallen oft auch durch ihre Konzentrationsschwäche auf. Ein wenig Unruhe und Lärm in der Klasse oder draußen stört sie so sehr, daß sie kaum noch arbeiten können. Und ihren
Augen sind auf dem Weg von der Tafel bis zum Heft derart viele
Dinge begegnet, daß sie das Wort, das sie aufschreiben wollten, schon
vergessen haben. Sie sind schnell abgelenkt durch alles, was sie hören
und sehen, und bringen es kaum fertig, einer Sache über längere Zeit
Aufmerksamkeit zu schenken.

Manchmal merken die Eltern erst, daß ihr Kind eine schlechte
Raumorientierung hat, wenn es in der dritten Klasse selbständiger
und unternehmungslustiger wird. Den gewohnten Weg zum Bäcker,
den es schon so oft mit der Mutter gegangen ist, kann es noch immer
nicht allein finden. Rechts und links kann es noch nicht auseinanderhalten. Den Eltern fällt jetzt allmählich auf, daß ihr Kind ein schlechtes Zeitgefühl hat. Viele legasthenische Kinder lernen nur mühsam,
die Uhr zu lesen. Sagt die Mutter: «Übermorgen besuchen wir die
Oma», dann haben sie keine Ahnung, wie lange das noch dauern
wird. Auch vergessen sie immer wieder, wann sie «einen langen
Schultag» oder wann sie Geburtstag haben.

All diese Beobachtungen machen es den Eltern und dem Lehrer im
Laufe des dritten Schuljahres deutlich, bei welchen Kindern die an-
fänglichen Probleme auf zu frühe Einschulung zurückgeführt werden können und bei welchen die Lernprobleme so grundlegend sind,
daß sie nicht «von allein» verschwinden werden.

Von der vierten bis zur siebten Klasse

Das vierte Schuljahr ist ein spannendes Jahr! Um das zehnte Lebensjahr herum machen die Kinder eine tiefgreifende Entwicklung durch.
Sie erleben, daß es nicht nur eine Außenwelt, sondern auch eine eigene, kleine Innenwelt gibt, die ganz von der Welt und den anderen
Menschen abgesondert ist. Das kann zu Einsamkeitsgefühlen führen.[6] Auch werden sie sich der Endlichkeit der Dinge bewußt: «Gestern kommt nie mehr zurück!» Die Erkenntnis, daß alle Menschen
sterben werden, kann auf einmal zum wichtigen Thema für sie werden. Sie fangen an, ihre Umgebung kritisch zu mustern. Haarscharf

bemerken sie die Eigenarten des Vaters und der Mutter; ihnen fällt die «blöde» Brille des Lehrers oder der Lehrerin auf; auch die Unzulänglichkeiten der Klassenkameraden nehmen sie schonungslos wahr. Den gleichen kritischen Blick richten sie auf sich selbst. Sie werden sich deutlich ihrer Schwächen und Stärken bewußt.

Begreiflicherweise bereitet dieser Lebensabschnitt legasthenischen Kindern mehr Schwierigkeiten als anderen. Es gibt schon so vieles, was sie nicht können, und die kritischen Bemerkungen ihrer Klassenkameraden bleiben ihnen nicht erspart. Es kann zu Versagensangst kommen; sie trauen sich nicht mehr, einen einzigen Buchstaben niederzuschreiben, denn «es wird wohl wieder falsch sein». Wenn eine Frage an sie gerichtet wird, verschließen sie sich, kein Wort kommt ihnen über die Lippen, und sie möchten am liebsten im Boden versinken. Zuweilen klagen sie morgens, bevor sie zur Schule gehen, über Bauchschmerzen, Übelkeit oder Kopfschmerzen.

Neben diesen emotionalen Problemen zeichnen sich von der vierten Klasse an auch die Lernprobleme deutlicher ab. Wie kann ein Kind, das schlecht liest und sich mit dem Rechtschreiben abplagt, Wortarten erkennen und Verben konjugieren? Und wie kann ein Schüler, der das Einmaleins nicht gut kennt, auch noch Bruchrechnen lernen? In mehr und mehr Bereichen kommt das legasthenische Kind nicht mehr mit der Klasse mit. Die Anforderungen des Lehrers werden größer, der Lehrstoff wird abstrakter, und die individuelle Verarbeitung tritt in den Vordergrund.

Die motorischen Störungen werden nach dem vierten Schuljahr weniger auffallend. Rechts und links halten die lese- und schreibschwachen Kinder wohl mittels einer Eselsbrücke auseinander. Buchstaben und Ziffern werden nicht mehr spiegelbildlich wiedergegeben. Im allgemeinen jedoch sind diese Kinder in der vierten Klasse noch keine flotten und hungrigen Leser. In der fünften, sechsten und siebten Klasse ändert sich daran nichts. Alle plagen sich weiter mit der Rechtschreibung, und ihre Handschrift ist immer noch schlampig.

Viele legasthenische Kinder kommen gut mit in Fächern wie Tierkunde, Geographie und Geschichte. Sie sind interessiert und nehmen den Erzählstoff intensiv auf. Fragen über das Erzählte können sie gut beantworten. Aber wenn es gilt, das Gehörte schriftlich zu verarbeiten, tauchen die Probleme wieder auf. Ihre Hefte sind meistens schlampig, die Arbeiten nicht fertig und voller Fehler.

Auch beim Rechnen tritt Ähnliches auf. Die Kinder verstehen die Rechenvorgänge schon, aber beim schriftlichen Ausrechnen geht es oft schief. Die Ziffern werden undeutlich geschrieben, und statt einer Fünf lesen sie dann beispielsweise eine Drei. Die Zahlen schreiben sie schräg untereinander, so daß sie falsch zusammenzählen; oder sie vergessen, sich beim Addieren die Zehnerzahlen zu merken. Auch hier kann ihr Arbeitstempo auffallend langsam sein.

Die Oberstufe

In der Regel sind die Lese- und Rechtschreibprobleme schon in der Unterstufe entdeckt worden. Der Schüler ist öfters getestet worden und hat eine individuelle Förderung und Begleitung bekommen. Die Oberstufenlehrer sind, wenn es gut geht, durch den Klassenlehrer oder die Eltern von den Problemen des Jugendlichen unterrichtet worden.

Es kommt in seltenen Fällen auch vor, daß ein Kind seine Lese- und Schreibprobleme während der ganzen Klassenlehrerzeit hat verstekken können, indem es zum Beispiel besonders fleißig war und sich für alles viel Zeit genommen hat oder auch dadurch, daß es – gerade im Gegenteil – sehr wenig getan hat, so daß der Lehrer und die Eltern dachten: «Dieser Junge kann es schon, aber er ist einfach faul.» Wenn ein Kind ziemlich flott lesen lernt, dann werden seine Schreib- und Rechenfehler manchmal auf Schlampigkeit zurückgeführt, und das tieferliegende Problem wird nicht erkannt.

Für Oberstufenlehrer ist es schwer wahrzunehmen, ob bei einem Schüler eine Legasthenie vorliegt. Sie erleben den Schüler nur in einem Fach, und der größte Teil der Ausarbeitung geschieht zu Hause. Der Fachlehrer sieht nur das Ergebnis, und es gelingt ihm nicht immer herauszufinden, ob diese schlampige Arbeit in fünf Minuten liegend auf dem Bett hingehauen wurde oder ob es das Resultat stundenlanger, anstrengender Arbeit ist. Außerdem sind jetzt, in der Oberstufe, viele der spezifischen Symptome der Legasthenie, wie das Spiegeln der Buchstaben und motorische Störungen oder Unsicherheiten in der Raumorientierung, verschwunden oder weniger auffällig geworden.

Was bleibt, sind die vielen Rechtschreibfehler und immer wieder vorkommende Schwierigkeiten beim Aufnehmen eines geschriebenen Textes. Hinzu kommt, daß diese Schüler im allgemeinen Probleme mit den Fremdsprachen haben, vor allem wenn es um Rechtschreibung und Grammatik geht. Mathematik, Physik und Chemie fallen ihnen leichter. Für alle Fächer gilt, daß der legasthenische Schüler den Lehrstoff besser mündlich als schriftlich reproduzieren kann und daß alles, was mit Schrift zu tun hat, langsam vor sich geht (gleichgültig, ob er selbst schreiben oder in einem Buch oder im eigenen Heft arbeiten muß).

Die Phänomene

Im vorhergehenden Kapitel wurde versucht, ein möglichst umfassendes Bild der legasthenischen Phänomene aufzuzeigen. Allerdings treten nicht bei jedem legasthenischen Kind all diese Symptome auf, und nicht jedes Kind, das ein oder mehrere dieser Kennnzeichen aufweist, ist Legastheniker (auf S. 62 ff. wird ausgeführt, wie man legasthenische Schüler von Kindern mit andersgearteten Lernproblemen unterscheiden kann). Auch der Schweregrad der Legasthenie kann erheblich variieren. Im schlimmsten Fall kann die Legasthenie dazu führen, daß ein Kind sein ganzes Leben nahezu Analphabet bleiben wird. Diese schwere Form kommt bei Jungen viermal häufiger als bei Mädchen vor. Auch die leichtere Form der Legasthenie tritt bei Jungen doppelt so häufig auf.[7] Zum Glück wird bei den meisten Kindern die Legasthenie nicht so schwerwiegende Folgen haben. Ob ein Kind in einem bestimmten Alter schwere oder leichtere legasthenische Symptome aufweist, hängt aber auch mit der Hilfe zusammen, die es bis dahin bekommen hat. Zum Beispiel kann ein leichter legasthenisches Kind, das bis zur fünften Klasse nicht richtig gefördert worden ist, immer noch große Lese- und Schreibschwierigkeiten haben, während ein anderer Fünftkläßler, der als Schulanfänger schwerere Störungen aufwies, dank intensiven Förderunterrichts und Therapie schon einen großen Teil seiner Probleme überwunden hat.

Am verwirrendsten für die Eltern ist aber die Tatsache, daß ihr

Kind das eine Mal bestimmte Dinge kann, die ihm beim nächsten Mal nicht mehr gelingen, oder daß es auf einmal ein schwieriges Wort lesen und schreiben kann, während es bei den einfachsten Wörtchen Fehler macht. Folgende Ursachen sind hierfür verantwortlich:

1. Legasthenische Kinder müssen sich bei ihren Schularbeiten mehr anstrengen als andere Kinder, sie ermüden also schneller und machen dadurch immer mehr Fehler. Jeder weiß ja aus eigener Erfahrung, daß man bei Müdigkeit häufiger Fehler macht und länger hinschauen muß, um ein Wort zu erfassen.

2. Viele Kinder leiden unter Konzentrationsschwäche. Oft unterlaufen ihnen mehr Fehler, wenn sie in einer unruhigen Umgebung sind. Das könnte der Grund sein, warum sie zu Hause, wenn sie nur mit Mutter oder Vater zusammen sind, bestimmte Dinge können, die ihnen in der Schule nicht gelingen.

3. Auch Versagensängste können eine Rolle spielen: Es ist zehnmal schwieriger, in Gegenwart aller Schulkameraden etwas zu lesen oder an die Tafel zu schreiben, als es allein im eigenen Zimmer zu tun.

4. Bei bestimmten Kindern scheint es zur Legasthenie zu gehören, daß sie ein schwieriges Wort wie «Flugzeug» flott lesen können, während sie ein Wörtchen wie «das» falsch lesen. Das hängt damit zusammen, daß man ein langes Wort unterteilen kann in kleine Einheiten: Hat man einmal «Flug» gelesen, dann weiß man ja, daß «zeug» wohl folgen wird. Ein kurzes Wörtchen dagegen muß als Ganzes erkannt werden. Wenn das nicht gelingt, dann gibt es kaum Anhaltspunkte, um herauszufinden, was da steht: Ein solches Wörtchen wie «das» kann ja alles Mögliche sein.

5. Man vermutet, daß es legasthenische Kinder gibt, die überempfindlich für bestimmte Stoffe in der Nahrung sind (besonders für künstliche Duft-, Farb- und Geschmacksstoffe):[8] Diese könnten ihre Konzentration schwächen und sie unruhig machen. Die sehr großen Leistungsschwankungen wären dann davon abhängig, was sie einige Zeit zuvor gegessen haben.

Verwirren kann auch, daß viele legasthenische Kinder Schwierigkeiten mit dem Rechnen haben. Denn man hört immer wieder: «Sie ist nicht legasthenisch, denn sie hat auch Rechenprobleme.» Im nächsten Kapitel wird ausgeführt werden, daß Legasthenie ein Symptom eines tieferliegenden Entwicklungsproblems ist, das auch das Rechnen beeinträchtigt.

Oft hat man den Eindruck, daß Legasthenie in den oberen Klassen nicht mehr so häufig vorkommt. Zwei Faktoren muß man aber hierbei beachten: Erstens darf man nicht aus dem Auge verlieren, daß Kinder, bei denen eine schwere Legasthenie festgestellt wurde, vor dem vierten Schuljahr in eine Sonderschule übergewechselt sind. Bei den Schülern, die nach diesem Zeitpunkt und sogar noch nach dem siebten Schuljahr in ihrer Klasse bleiben können, ist die Störung also nicht so groß, oder die Begabung auf anderen Gebieten gleicht die Lese- und Schreibschwierigkeiten aus. Zweitens kommen in dieser Altersstufe eine Reihe spezifischer Symptome wie das spiegelbildliche Verwechseln der Buchstaben nicht mehr vor.

Eine Legasthenie zu erkennen wird also nicht immer einfach sein, und es genügt nicht, sie lediglich zu diagnostizieren. Will man einem Kind wirklich helfen, dann muß man auch wissen, was sich hinter solchen Phänomenen verbirgt. Im folgenden werden wir uns mit dieser Frage beschäftigen.

Begreifen

Was ist Legasthenie?

Über die Definition der Legasthenie sind sich alle einig: *ernste Probleme mit dem Lesen- und Schreibenlernen bei Kindern, deren Intelligenz zumindest normal ist und deren Probleme nicht durch eine visuelle oder auditive Behinderung, einen Hirnschaden, Schul- oder Erziehungsprobleme verursacht werden.* Über die Ursache der Legasthenie aber herrschen verschiedene Meinungen.

J. J. Dumont schreibt: «Legasthenie bedeutet, als Folge einer Störung im Rekodierungsmechanismus, beim Lesen und Schreiben im Rückstand sein. Die Störung liegt dennoch in der Unfähigkeit, einen geschriebenen Buchstaben in einen gesprochenen Laut umzuwandeln, wie es beim Lesen notwendig ist, oder umgekehrt, einen Laut in einen geschriebenen Buchstaben umzuwandeln, wie es beim Schreiben geschieht.»[9] Laut Dumont hat diese Störung ihren Ursprung in einer verlangsamten oder gestörten Sprachentwicklung.

Für Christine Kuipers und Cees Weggelaar ist Legasthenie ein Symptomenkomplex, bei dem das Lese- und Schreibproblem zwar das auffälligste, aber nicht das einzige ist. Sie betrachten Legasthenie als eine Entwicklungsstörung.[10]

Auch die Waldorfpädagogik betrachtet – nach dem ihr zugrunde-liegenden Menschenbild – die Legasthenie als eine Entwicklungsstörung während der ersten sieben Lebensjahre. Die später auftretenden Lernprobleme und andere Schwierigkeiten haben darin ihren Ursprung. Hierzu werden aber verschiedene Ansichten vertreten.

Walter Holtzapfel führt die Legasthenie auf eine verzögerte Umwandlung der Lebenskräfte in Gedankenkräfte zurück.[11] Audrey

McAllen betrachtet Legasthenie als ein Symptom dafür, daß das Kind in den ersten sieben Jahren nicht imstande war, in der richtigen Weise seinen physischen Körper aufzubauen.[12] Michaela Glöckler schließlich sieht die Legasthenie als eine Störung im Zusammenwirken der Sinne untereinander und der Sinne mit dem Denken.[13]

Jeder Autor betrachtet zwar das gleiche Phänomen, aber aus einem anderen Blickwinkel; er kommt dadurch zu anderen Ursachen und folglich zu unterschiedlichen Behandlungsmethoden. Jeder Beitrag führt aber zu einem besseren Verständnis von Rosa und Mark und all den anderen Kindern mit ihren ernsten Lese- und Rechtschreibproblemen. Und das ist das Entscheidende. Worum es letztlich geht, ist: begreifen – um helfen zu können.

Verschiedene Auffassungen der Legasthenie

Legasthenie als Störung in der Umwandlung vom Zeichen zum Laut

Wie angedeutet, sieht Dumont Legasthenie als eine Störung in der Umwandlung von Buchstabenzeichen in Laute und umgekehrt. Er führt in seinem Buch *Lees- en spellingsproblemen* eine Reihe von Fähigkeiten an, die nötig sind, um ein geschriebenes in ein gesprochenes Wort umzuwandeln (oder umgekehrt). Eine Anzahl dieser Fähigkeiten sind bei einem legasthenischen Kind nicht oder nur ungenügend entwickelt.

Die folgenden Fähigkeiten muß sich ein Kind als *allgemeine Voraussetzungen* zum Lesen- und Rechtschreibenlernen erworben haben:
1. über einen Wortschatz von etwa 3000 Wörtern zu verfügen
2. Abbildungen und Wörter wiederzuerkennen
3. ähnliche Gegenstände und Laute zu unterscheiden
4. sich etwas ins Gedächtnis zurückzurufen.

Folgende *auditive* Fähigkeiten sind nötig:
1. einzelne Laute in einem Wort zu erkennen
2. Lautunterschiede zu hören, wie zwischen Teich und Teig («auditive Diskrimination»)

34

3. die verschiedenen Laute, die ein Wort bilden, zu trennen und auseinanderzuhalten, zum Beispiel: Baum wird B-au-m («auditive Analyse»)
4. die Lautfolge in einem Wort zu hören
5. einzelne Laute zu einem Wort zusammenzufügen wie beim Buchstabieren: B-au-m wird Baum («auditive Synthese»).

Die für das Lesen- und Schreibenlernen notwendigen *visuellen Fähigkeiten* sind:
1. Abbildungen wiederzuerkennen
2. Formsicherheit, das heißt ein d als d zu erkennen, wie es auch geschrieben sein mag
3. kleine Form- und Richtungsunterschiede zwischen Buchstaben zu erkennen, wie zwischen n und m und zwischen b, d, p und q (dies bezeichnet man als «visuelle Diskrimination»)
4. eine Reihe einzelner Buchstaben als ein Wort zu erfassen
5. Worte zu erkennen, auch wenn sie falsch geschrieben sind.

Für das *Schreiben* kommen noch folgende notwendige Voraussetzungen hinzu: eine genügend entwickelte Sensomotorik (das Zusammenwirken von Wahrnehmung und Motorik) und eine gute Aussprache.

Was ist der Sinn dieser ziemlich technischen Aufzählung von Fähigkeiten? Er liegt darin, daß man anhand einer solchen Liste herausfinden kann, wo genau die Lese- und Schreibstörungen bei einem Kind liegen. Ein erfahrener Förderlehrer wird dieses Wissen in sein Übungsprogramm mit einbeziehen. Auch für den Lehrer kann es eine Hilfe bedeuten, wenn er weiß, ob ein Kind eher auditive oder eher visuelle Probleme hat. Außerdem tut es *allen* Kindern gut, wenn der Lehrer diese verschiedenen Fähigkeiten mit ihnen übt, zwar nicht auf intellektuelle Weise, wie Dumont es vorschlägt, aber auf eine spielerische, künstlerische Art, die in den Lehrplan paßt. Im Kapitel «Behandlung» werden wir darauf näher eingehen und konkrete Übungen angeben.

Die Ursache der Legasthenie führt Dumont auf einen vererbten abweichenden Bau des Gehirns zurück. Das menschliche Gehirn ist asymmetrisch aufgebaut: In der linken Gehirnhälfte ist das Gebiet mit dem physischen Sitz des Sprachzentrums stärker entwickelt als das entsprechende Gebiet in der rechten Gehirnhälfte. Es hat sich aber herausgestellt, daß bei Legasthenikern die beiden Gehirnhälften symmetrisch sind,[14] und zwar dergestalt, daß der Bereich des Sprachzentrums weniger stark entwickelt ist, während die entsprechenden Gebiete in der rechten Gehirnhälfte, mit dem physischen Sitz des räumlichen Vorstellungsvermögens, sogar größer als bei Nichtlegasthenikern ausfallen.

Kinder und Erwachsene mit symmetrischen Gehirnhälften sind in ihrem Umgang mit der geschriebenen und häufig zunächst auch mit der gesprochenen Sprache beeinträchtigt. Oft haben sie demgegenüber ein photographisches Gedächtnis für visuell-räumliche Vorstellungen und können gut «mit den Händen denken»: Sie haben ein lebendiges Vorstellungsvermögen, und es ist ihnen ein Leichtes, durch bloßes Anschauen zu lernen, wie etwas wirkt. Sie haben jedoch ein schlechtes Gedächtnis für auditiv-verbale Inhalte und für die Aufeinanderfolge von Worten, Sätzen und Ereignissen.[15]

Legastheniker haben, nach Dumont, *keine* Raumorientierungsschwierigkeiten. Aber schon die richtige Handhabung von rechts und links und das Erfassen von Richtungsunterschieden zwischen Buchstaben (b und d, p und q) fällt ihnen schwer. Laut Dumont hängt das mit dem symmetrischen Bau des Gehirns zusammen: Im Gehirn wird von allen unseren Wahrnehmungen sowohl ein getreues Bild als auch ein Spiegelbild gespeichert. Bei den meisten dreidimensionalen Dingen ist es gleichgültig, ob wir sie spiegelbildlich sehen oder nicht; wir erkennen sie immer noch als die gleichen Dinge. «Links und rechts sind für den Menschen bedeutsam geworden, seitdem er die ebene Fläche erfunden hat und dabei der Richtung eine spezielle Funktion zugemessen hat, wie bei der Buchstaben- und Zahlenschrift.»[16] Je mehr sich die Hirnhälften bei einem Menschen gleichen, desto schwerer wird es ihm fallen, Spiegelbild und Wirklichkeit zu unterscheiden.

Hierin sieht Dumont die Erklärung für das häufige Auftreten von Linkshändigkeit oder Beidhändigkeit bei Legasthenikern. Die Handpräferenz wird bei Legasthenikern nicht mit derselben Häufigkeit durch die linke Gehirnhälfte bestimmt (wie es bei 86 Prozent der Menschen der Fall ist), weil beide Gehirnhälften sich sehr ähnlich sind. Hiermit hängt auch die motorische Ungeschicklichkeit zusammen, die bei vielen legasthenischen Kindern zu beobachten ist.

Für Dumont sind das alles nur Nebenerscheinungen. Als zentrales Problem sieht er die Störung bei der Umwandlung von Buchstabenzeichen in Laute, die durch eine andere Bildung und Funktion des Gehirns mitverursacht wird. Die einzige sinnvolle Behandlung ist somit nach Dumont, das Umwandlungsvermögen und das Lesen und Schreiben systematisch zu trainieren.

Legasthenie als Reifungsproblem

«Daß noch nicht schulreife Kinder lesen und schreiben lernen müssen, sollte per Gesetz verboten sein, denn dieser Zwang kann Legasthenie zur Folge haben», fordert Christine Kuipers ziemlich drastisch in einem Zeitungsartikel.[17] In den Büchern, die sie zusammen mit Cees Weggelaar geschrieben hat,[18] geht sie behutsamer und wissenschaftlicher vor. Dem obigen Zitat ist aber auf den ersten Blick zu entnehmen, daß sie eine ganz andere Auffassung vertritt als Dumont. Obwohl sie letztlich die Erklärung für die Legasthenie auch im Gehirn sucht, ist ihre Theorie doch ganz anders, denn sie ist zum größten Teil aus dem praktischen Umgang mit legasthenischen Kindern und Erwachsenen entstanden.

Kuipers sieht Legasthenie als einen Symptomenkomplex, wobei die Lese- und Schreibschwäche zwar die auffälligste, aber nicht die einzige Schwäche ist.[19] Folgende Symptome treten ebenfalls häufig auf:

1. Legasthenische Kinder haben fast immer Konzentrationsstörungen. Sie können sich nur für kurze Zeit auf die momentane Beschäftigung konzentrieren, und sie können Lärm und Bewegungen, die sie zwar nicht interessieren, aber doch von der Arbeit ablenken, nur schwer von sich abhalten.
2. Diese Kinder sehen oft jung aus.
3. Sie kommen mit vielem nicht zurecht, und häufig gibt es Erziehungsprobleme.
4. Sie haben Wahrnehmungsschwierigkeiten bei allem, was mit einer Reihenfolge zu tun hat.
5. Es fällt ihnen schwer, sich räumlich zu orientieren und links und rechts, vorne und hinten, oben und unten zu unterscheiden.
6. Oft entwickelt sich die visuelle und auditive Wahrnehmung lang-

samer, so daß sie kleine Formunterschiede nur schwer wahrnehmen und feine Lautunterschiede nicht hören.

7. Sie artikulieren häufig schlecht und fallen durch eine verzögerte Sprachentwicklung auf.

8. Es kann sein, daß sich sowohl die grobe als auch die feine Motorik und das Gleichgewichtsgefühl verspätet entwickeln.

9. Viele Legastheniker haben Mühe mit dem Zeitbewußtsein. Sie wissen nicht, was morgen oder gestern ist, und irren sich bei den Uhrzeiten.

Für Christine Kuipers ist Legasthenie also mehr als nur eine Störung beim Umwandeln von einem Laut in ein Zeichen. Die motorischen Unzulänglichkeiten gehören für sie wesentlich zum Legasthenieproblem. Daß es sich dabei nicht nur um ein *Sprachproblem* handeln kann, zeigt sie an dem Beispiel des niederländischen Schriftstellers Aart van der Leeuw: Seine Manuskripte wimmeln von Fehlern, er ist deutlich legasthenisch, aber er hat die wunderbare Gabe, mit Worten zu malen. Wenn es sogar legasthenische Autoren gibt, dann ist offensichtlich, daß diese Störung nicht nur mit dem Zugang eines Menschen zur Sprache zu tun hat. Die Rechtschreibschwierigkeiten betrachtet Christine Kuipers als Symptome eines tieferliegenden Entwicklungs- und Reifungsproblems.

Sie erklärt die Legasthenie aus einem ungenügenden Zusammenwirken verschiedener Gebiete im Gehirn: «Bei den meistern Kindern und Erwachsenen arbeitet das Gehirn als ein Ganzes; bei legasthenischen Kindern aber ist es, als ob verschiedene Hirnregionen getrennt voneinander arbeiten. Wie kann es im Gehirn zu einer derart gestörten Zusammenarbeit kommen? Wir nehmen an, daß es hauptsächlich mit der Entwicklungsstufe zusammenhängt, in der das Kind gerade steht, wenn es in die Schule kommt oder wenn die Eltern anfangen, dem Kind Lesen und Schreiben beizubringen: Möglicherweise hat das zu früh stattgefunden.»[20]

Christine Kuipers erläutert dann weiter: Einfache Fähigkeiten hängen mit der Funktion in einem bestimmten Gebiet des Gehirns zusammen. Bei der Geburt bestehen zwar zwischen den verschiedenen Gehirnteilen Verbindungen; sie funktionieren aber noch nicht. Erst wenn das Kind zwischen acht und zwölf Jahren alt ist, funktionieren all diese Verbindungen optimal. Sind die für das Lesen (und Schreiben) notwendigen Verbindungen in der Zeit, in der das Kind diese Fähigkeiten lernen muß, noch nicht funktionsfähig, dann treten Schwierigkeiten auf. Wenn diese Verbindungen im Gehirn später dann doch noch zustande kommen, können sie aber noch nicht im richtigen Ausmaß arbeiten. Gezielte Übungen für die Kinder werden unbedingt notwendig sein. In diesem Sinne muß auch das Zitat am Anfang dieses Kapitels verstanden werden: Wenn ein noch nicht schulreifes Kind trotzdem lesen und schreiben lernen muß, besteht ein erhöhtes Risiko, daß es zur Legasthenie kommt oder sich die bereits vorhandenen Entwicklungsprobleme noch vermehren.

Christine Kuipers beschreibt verschiedene Stufen der Legasthenie: Der Schweregrad variiert von «sehr ernst», bei dem Lesen- und Schreibenlernen fast unmöglich sind, bis zu «leicht legasthenisch», bei dem die Störung zwar lästig ist, aber während einer Ausbildung zu keinen unüberwindlichen Problemen führt.

Kuipers unterscheidet außerdem die *visuelle Legasthenie* (das Kind sieht nicht, was es hört) von der *auditiven Legasthenie* (das Kind hört nicht, was es sieht).[21] Die Kinder mit visueller Legasthenie «gucken schlampig». Es fällt ihnen schwer zu behalten, wie etwas aussieht. In ihren Bildern lassen sie oft wesentliche Dinge weg, und beim Schreiben kehren sie Buchstaben um (wie d/b und u/n). Beim Lesen schauen sie sich global an, was dasteht, und raten dann die Wörter; so kann es dazu kommen, daß sie «Schloß» statt «Burg» lesen. Sie können zwar eine Geschichte in groben Umrissen nacherzählen, aber beim lauten Lesen machen sie dann wieder viele Fehler. Auch bei der Rechtschreibung kommt es zu Fehlern, weil ihnen ein richtiges Wortbild fehlt. Sie können zwar hören, aus welchen Lauten ein Wort aufgebaut ist, aber sie machen typische Regelfehler, zum Beispiel bei eu/äu oder bei d/t am Wortende. Bei diesen Kindern sind die visuellen Voraussetzungen, wie sie auf Seite 35 beschrieben wurden, unzureichend entwickelt.

Wenn bei Kindern dagegen auditive Legasthenie vorliegt, gelingt es ihnen nur schwer zu hören, aus welchen Lauten ein Wort aufgebaut ist. Sie lesen langsam und buchstabierend. Die Buchstaben können sie zwar gut wahrnehmen, aber es bereitet ihnen erhebliche Schwierigkeiten, einzelne Laute zu einem Wort zusammenzufügen. Beim Schreiben machen sie Fehler bei Lauten, die sich ähnlich anhören, wie g/ch und ä/e. Oft fällt auf, daß sie auch etwas undeutlich sprechen. Bakker unterscheidet zwei ähnliche Gruppen:[22] Einerseits gibt es Kinder, die schnell und erratend lesen, wobei sie ihr Sprachgefühl zu Hilfe nehmen, um einen Text zu begreifen (der «L-Typ» oder «linguistische Typ»; er entspricht dem visuellen Legastheniker), andererseits gibt es die langsamen, buchstabierenden Leser, die vor allem mit Hilfe ihrer Wahrnehmung einen Text entziffern (der «P-Typ» oder «perzeptuelle Typ»; er entspricht dem auditiven Legastheniker).

Man kann sich fragen, ob es sich hierbei wirklich um zwei verschiedene Störungen handelt oder ob es nur verschiedene Wege sind, die ein Kind gehen kann, um seine Legasthenie zu überwinden.[23] Es gibt ja auch Kinder, die sowohl auf visuellem als auch auf auditivem Gebiet Probleme haben: Ihre Augen und Ohren funktionieren gut, aber sie kommen mit der Verarbeitung der gelieferten visuellen und auditiven Informationen nicht zurecht.

Christine Kuipers ist der Auffassung, daß man Legasthenie vermeiden oder wenigstens begrenzen kann, indem man mit Lesen und Schreiben wartet, bis das Kind die dafür notwendige physische Reife hat. Das Einsetzen des Zahnwechsels sieht sie als ein Zeichen dafür an, daß die Gehirnverbindungen genügend «reif» sind, um die physische Grundlage für das Lesen- und Schreibenlernen zu bilden.

Die Behandlung der Legasthenie solle darin bestehen, das Zusammenwirken der Gehirnpartien zu verbessern. Dazu brauche man Übungen, an denen mehrere Gehirnpartien beteiligt sind – hauptsächlich motorische Übungen, die die Entwicklung von gröberen zu feineren Bewegungen und die Zusammenarbeit zwischen links und rechts fördern und dem Kind helfen, daß es eine Hand deutlich als bevorzugte Hand empfindet.

Die von Kuipers und Weggelaar empfohlene Behandlung besteht vor allem aus den von Mesker entwickelten «Schleifenübungen», bei denen das Kind mit beiden Händen zugleich Reihen vertikaler Schleifen malt. Daneben bekommt es ein Büchlein zum Ausmalen und Auswischen: Das Kind malt eine bestimmte Figur aus, die es anschließend wieder mit dem Daumen und einem zweiten Finger auswischen darf. Es hat sich in der Praxis gezeigt, daß diese Übungen der Handschrift zugute kommen und die Fehlerzahl deutlich zurückgeht. Neben diesen motorischen Übungen werden selbstverständlich auch Lesen und Schreiben geübt. Oft lassen Kuipers und Weggelaar das Kind ein Tagebuch führen, um die Rechtschreibung zu verbessern.

Legasthenie und Bewegung

Der Neurologe P. Mesker hat die Entwicklung des Kindes und die Entstehung von Lernstörungen wie Legasthenie unter dem Gesichtspunkt der Bewegung studiert.[24]

Kurz nach der Geburt reagiert ein Kind auf jede Änderung in seiner Umgebung durch Bewegen: Es strampelt oder zieht Ärmchen und Beinchen an. Dies sind reflexartige Bewegungen, die ganz unbewußt verlaufen. Irgendwann bemerkt das Kind seine eigene Bewegung und empfindet sie als angenehm. Es versucht, sie zu wiederholen, auch wenn es dazu keinen direkten Anlaß in seiner Umgebung gibt. Das nennt Mesker die erste «Selbstbewegung», das heißt die erste Bewegung, die aus dem Kind heraus entsteht. Wenn ein Baby in seiner Wiege strampelt, berührt es nach einer Weile zufällig die Seite der Wiege. Es *spürt* Holz oder Korb und versucht, den Gegenstand nochmals zu fühlen. So entsteht aus der Bewegung ein Tasterlebnis.

Das Berühren der Wiege macht außerdem ein Geräusch. Das Baby wiederholt die Bewegung und *hört* wiederum dieses Geräusch. Es bewegt sich jetzt nicht nur aus Freude an der Bewegung selbst, sondern auch, um etwas zu spüren und zu hören. Das erste Kennenlernen der Welt geht also über den Bewegungs-, Tast- und Hörsinn.

Allmählich *sieht* das Kind immer mehr, und dieses Sehen tritt nun an die Stelle des Bewegens und Ertastens. Nach einiger Zeit weiß das Kind aus Erfahrung, wie sich das, was es sieht, anfühlt, und es braucht nicht mehr zu *greifen,* um zu *be-greifen;* die Bewegung hat sich verinnerlicht. Ab jetzt ist es das Auge, das einen Gegenstand «abtastet». Laut Mesker sind Wahrnehmungen sogar ganz generell ausgeschlossen, wenn wir die Dinge nicht vorher durch Bewegen und Betasten kennengelernt haben. Wenn uns als Erwachsenen ein fremdes, unbekanntes Ding begegnet, wollen wir es fühlen; erst dann können wir richtig wahrnehmen, wie es aussieht. Dies gilt auch für das Hören: Jeder Laut wird durch eine Bewegung erzeugt – ohne Bewegung kein Geräusch. Erst wenn wir (innerlich oder äußerlich) diese Bewegung mitvollziehen, können wir dieses Geräusch hören und erkennen.

Wenn das Baby einige Monate alt ist, läßt es eines Tages zufällig ein Klötzchen herunterfallen. Es bemerkt dabei, daß ein Geräusch entsteht und das Klötzchen aus seinem Gesichtskreis verschwindet;

vielleicht kommt ein Erwachsener, um es aufzuheben. So entdeckt das Kind, daß es seine Umgebung beeinflussen kann: Es bewirkt etwas in der Welt. Mesker nennt das den Anfang des «*Schaffens*». Nur weil wir selbst schaffende Wesen sind, können wir das «Geschaffene» der anderen Menschen begreifen: Um zum richtigen Verständnis der Welt zu kommen, muß man wissen, daß ein Stuhl aus verschiedenen Holzteilen zusammengesetzt und nicht so gewachsen ist. Einen Stuhl erleben wir als Endprodukt des Schaffens des Menschen, als das Endprodukt einer Bewegung.

Auch die Sprache, sowohl die gesprochene als auch die geschriebene, können wir als aus der Bewegung entstanden betrachten, denn Gegenstände, die wir durch Bewegung oder innerliches Mitschwingen kennengelernt haben, können wir benennen. Das Sprechen selbst ist natürlich auch Bewegung, und zwar die der Lippen, der Zunge und der Stimmbänder. Die Buchstaben könnten dann als die zurückgelassene Spur der Schreibbewegungen betrachtet werden.

Das Bewegen ist also die Grundlage dafür, daß wir die Welt kennenlernen und daß wir sprechen lernen. Das zeigt sich in der Entwicklung: Erst wenn das Kind die erste Phase der motorischen Entwicklung durchgemacht hat, wenn es also um den ersten Geburtstag herum gehen lernt, lernt es sprechen, und erst wenn um den zweiten Geburtstag herum die Sprachentwicklung einsetzt, kann das Denken sich zu entwickeln beginnen.[25] Im Sinne Meskers hängen alle höheren, spezifisch menschlichen Funktionen von einer richtigen funktionellen Entwicklung des Bewegungsapparates ab.[26]

Weil die Bewegung, die ganze Motorik, von so wesentlicher Bedeutung für die Entwicklung des Kindes und für die Entstehung von Lernstörungen ist, werden wir die motorische Entwicklung eingehender betrachten. Mesker unterscheidet in der motorischen Entwicklung verschiedene Phasen, die die Art und Weise beeinflussen, wie das Kind seine Umgebung erlebt.

Die erste Phase der motorischen Entwicklung ist die der «*Rüsselmotorik*» (auch als «antagonistische Motorik» bezeichnet).[27] Diese Bewegungsweise können wir in reiner Form bei den Schlangen wahrnehmen, aber auch beim Rüssel des Elefanten: Der Rüssel wird nach rechts oder links gebogen, wobei die Muskeln der einen Körperseite sich anspannen, während sich die entsprechenden Muskeln der anderen Seite gleichzeitig entspannen. Ein gleicher Vorgang spielt sich beim Gehen ab: Die Muskeln des einen Beines werden angespannt, während die entsprechenden Muskeln des anderen Beines sich entspannen. Bis zum vierten Jahr etwa ist die «Rüsselmotorik» die vorherrschende Bewegungsform, obgleich andere Formen im Ansatz bereits zum Vorschein kommen, wie wir später noch sehen werden.

Richtig zusammenwirken können Arme und Beine in dieser Phase der «Rüsselmotorik» nur bei der Fortbewegung, also beim Krabbeln und Gehen. Das schönste Beispiel dieser «Rüsselmotorik» beim Menschen ist für mich das «Robben», wenn das Kind in einem Vorstadium des Krabbelns auf dem Bauch vorwärtsrutscht. Dabei schiebt sich das Kind mit einem gebogenen Ärmchen vorwärts, während das andere Ärmchen entspannt ist. Das Bein auf der Seite des gebogenen Arms ist entspannt, während das andere Bein gebraucht wird, um sich vom Boden abzustützen. Während sich das Kind so vorwärtsbewegt, biegt sich der Körper abwechselnd nach rechts und nach links. Die «Rüsselmotorik» wird beim Krabbeln auf Händen und Knien weitergeübt. Diese Phase ist von eminenter Bedeutung für die ganze motorische Entwicklung. Robben und Krabbeln erlauben dem Kind zwar, sich auf die Dinge zuzubewegen, aber es kann sich noch nicht vom Boden aufrichten, es ist noch ganz an die ebene Fläche gebunden.

Oben und unten haben in dieser Phase noch keine Bedeutung für das Kind, weil es selbst dieses Oben noch nicht erreichen kann. Ein Kleinkind kann noch mit einem ernsten Gesichtchen in einem Buch «lesen», das es verkehrt herum hält, denn in dem umgekehrten Buch kann es alles genausogut sehen. In dieser Phase der «Rüsselmotorik» hat für das Kind nur Bedeutung, was sich vor ihm befindet.

Nach einiger Zeit kommt eine zweite Bewegungsform hinzu: die *symmetrische Motorik*. In dieser Phase können beide Körperseiten die gleiche Bewegung spiegelbildlich ausführen. Diese Bewegungsform tritt auf, wenn wir etwas mit zwei Händen greifen. Dadurch ist das Kind imstande, die ebene Fläche zu verlassen und sich aufzurichten. So robben Marike und ihre Zwillingsschwester Miriam, beide acht Monate alt, in reiner «Rüsselmotorik» über den Boden. Eines Tages entdeckt Miriam eine andere Fortbewegungsart: Sie stößt sich mit beiden Händen ab und läßt sich dann nach vorne fallen. Sobald sie gelernt hat, beide Arme symmetrisch zu gebrauchen, ist sie imstande, sich vom Boden hochzustemmen. Sie kommt allmählich auf ihre Knie. Jetzt hat sie die Hände frei und kann sich hochziehen; bald lernt sie stehen. Ihre Schwester braucht wesentlich länger dazu; weil ihr keine symmetrischen Bewegungen gelingen, fällt es ihr viel schwerer, sich aufzurichten.

Sobald das Kind stehen und später laufen kann, braucht es seine Händchen nicht mehr für die Fortbewegung. Sie lernen nun immer besser zusammenzuarbeiten. Zwischen vier und sechs Jahren ist die symmetrische Motorik die überwiegende Bewegungsform. Wenn das Kind mit einer Hand eine bestimmte Bewegung macht, bewegt sich die andere Hand oft spiegelbildlich mit. Es gibt Kinder, die gerne mit zwei Stiften zugleich malen und dabei symmetrische Figuren zeichnen.

Wenn die Entwicklung der symmetrischen Motorik anfängt, wird das Kind ein «echtes Menschenkind», ein soziales Wesen. Es richtet sich jetzt auf, es macht seine ersten Sprechversuche, es sucht aus sich selbst heraus Kontakt zu anderen Menschen in seiner Umgebung und wird – nach dem dritten Lebensjahr – mehr und mehr mit anderen Kindern zusammen spielen. Neben vorne und hinten bekommen jetzt auch oben und unten Bedeutung für das Kind. Sobald sich ein Kind hochziehen kann, fühlt es sich herausgefordert, immer höher zu klettern. Vor allen Dingen übt die Treppe eine magische Anziehungskraft auf das Kind aus. Weil sich beide Seiten seines Körpers symmetrisch bewegen, erlebt das Kind die Welt links und rechts noch nicht als verschieden.

Um das fünfte Jahr herum entsteht eine neue Bewegungsmöglichkeit, die immer wichtiger werden wird: die asymmetrische Motorik. Das bedeutet, daß in dieser dritten Phase beide Hände gleichzeitig verschiedene Bewegungen ausführen können, zum Beispiel einen Becher mit Wasser füllen: Das Kind hält das Becherchen in einer Hand, während es mit der anderen Hand den Wasserhahn aufdreht. In diesem Alter gibt es viele Kinder, die sich noch nicht eindeutig für eine Hand entschieden haben. Wenn bereits eine Seite bevorzugt wird, kann sich das noch nach einiger Zeit ändern. Dennoch ist die Tatsache, daß beide Hände gleichzeitig unterschiedliche Bewegungen ausführen können, der deutliche Beginn der Handspezialisierung.

Etwa um das sechste Jahr herum beginnen die Kinder, eine Hand als «Arbeitshand» deutlich zu bevorzugen. Die andere Hand wird dann zur «Hilfshand». Das nennen wir *Lateralisierung*. Am Ende dieser Entwicklung wird nicht nur eine Hand, sondern auch ein

Auge, ein Ohr und ein Bein bevorzugt. Wenn es gut geht, befinden sich alle auf derselben Seite. Rechts und links gewinnt nun an Bedeutung: Das Kind spürt, wie sich die rechte Körperseite anders anfühlt als die linke. Erst jetzt ist das Kind imstande zu sehen, daß b und d verschiedene Figuren sind. Auch wird in dieser Phase das Spiel des Kindes gezielter: Der Turm muß so hoch wie nur irgend möglich werden; Pläne für später werden geschmiedet.

Jetzt sind eigentlich alle Bewegungsmöglichkeiten vorhanden, und das Kind ist nun in der Lage, sich immer mehr Fähigkeiten anzueignen. Immer feinere Bewegungen gelingen ihm. Bewegungen, die anfänglich aus der Schulter heraus kamen, werden allmählich aus dem Ellenbogen, dann aus dem Handgelenk und schließlich aus den Fingerspitzen heraus ausgeführt. Erst wenn das Kind imstande ist, feine, gezielte Bewegungen der Fingerspitzen auszuführen, kann es richtig schreiben lernen.

Aus dem Vorstehenden geht wohl deutlich hervor, daß es sich bei der motorischen Entwicklung nicht um genau voneinander zu trennende Phasen handelt, in denen Bewegungsabläufe aus der vorigen Epoche verschwinden, wenn neue hervortreten. Natürlich bleiben alle Bewegungsformen nebeneinander bestehen, wobei die Bewegungsmuster aus einer vorigen Phase in den ganzen Bewegungsablauf der nächsten Phase integriert werden, so daß der Mensch später, wenn er erwachsen ist, all diese Bewegungsmöglichkeiten nach Belieben zur Verfügung hat.

Wie wir gesehen haben, ermöglichen neue motorische Fähigkeiten auch ein anderes Raumerleben. Bei einem Kind mit Lernschwierigkeiten stellt sich später oft heraus, daß die verschiedenen Bewegungsmuster nicht in der richtigen Weise integriert werden. Mesker gibt davon in seinem Buch *Kunnen en niet kunnen* einige Beispiele.

So gibt es Kinder, bei denen die «Rüsselmotorik» auch noch nach ihrer eigentlichen Phase weiterhin überwiegt. Solche Kinder werden beim Schreiben den Mund mitbewegen, und wenn sie ihre Faust kräftig ballen, spreizen sie die Finger der anderen Hand. Außerdem fällt es ihnen schwer, zwischen u und n oder zwischen m und w zu unterscheiden, denn oben und unten werden in der Stufe der «Rüsselmotorik», in der sie sich noch befinden, nicht differenziert. Oft haben sie Sprachschwierigkeiten. Eine gute Sprachentwicklung ist bei einem Kind ja erst möglich, wenn es die symmetrische Motorik entwickelt hat. (Das Sprechenlernen kommt nach dem Gehenlernen.) Außerdem leiden diese Kinder häufig unter Versagensängsten. Vielleicht hängen ihre Ängste mit der Tatsache zusammen, daß sie in der frühen Kindheit die Dimension oben/unten nicht genügend «erobert» haben und dadurch zu wenig Mut haben entwickeln können.

Bei anderen Kindern wiederum dauert die Phase der symmetrischen Motorik zu lang. Das macht sich folgendermaßen bemerkbar: Wenn solche Kinder eine Hand kräftig zu einer Faust ballen, wird sich die andere Hand auch schließen. Sie können auch rechts und links nicht auseinanderhalten. Beim Schreibenlernen vertauschen sie b und d, sie lesen zuweilen von rechts nach links und ändern die Reihenfolge der Buchstaben im Wort. Bei legasthenischen Kindern ist die allzu lange Vorherrschaft der symmetrischen Motorik oder auch der «Rüsselmotorik» häufig anzutreffen.

Mesker rät, die Legasthenie und andere Lernprobleme mit Übungen zur Motorik zu behandeln. Dabei kann diejenige Phase der Motorik nachgeholt werden, die das Kind übersprungen oder ungenügend durchgemacht hat. Wir werden das noch näher betrachten.

Legasthenie im Lichte der Anthroposophie

Dumont und Kuipers gehen davon aus, daß die Legasthenie im allgemeinen auf eine Störung in der Gehirnfunktion zurückgeht.

Aber das Gehirn *denkt* nicht, es ist nur die physische Grundlage für die geistige Aktivität, die das Denken ausmacht. Im *Heilpädagogischen Kurs* erläutert Rudolf Steiner das folgendermaßen: «Alle Untersuchungen, die dahin zielen, zu prüfen, woraus Gedanken entstehen könnten, die sind so vor der Geisteswissenschaft, als wenn jemand täglich morgens von irgendwoher einen gefüllten Milchtopf gestellt bekäme, einen Topf mit Milch, und eines Tages aus seiner Gescheitheit heraus anfangen würde nachzudenken, in welcher Weise der Ton, aus dem der Milchtopf geformt ist, jeden Morgen die Milch aus sich hervorbringt. Man wird im Ton, aus dem der Milchtopf geformt ist, niemals etwas finden, woraus die Milch hervorgehen könnte.»[28] Wie eine Milchkanne keine Milch hervorbringt, obwohl wir darin die Milch vorfinden, genauso bringt das Gehirn keine

Gedanken hervor. Es bildet nur das «Instrument». Bei Legasthenikern funktioniert dieses «Instrument» anders oder ist anders gebaut als bei anderen Menschen. *Wer* bringt dieses Instrument zum
Funktionieren, und *wer* hat es gebaut?

Im anthroposophischen Menschenbild ist es das menschliche Ich,
das heißt der Kern, der bei der Geburt schon da war und nach dem
Tod fortbestehen wird. Legasthenie wird hier also nicht aufgefaßt als
eine isolierte Behinderung beim Lesen oder Schreiben, sondern als
ein Phänomen, das mit dem ganzen Menschen in seiner Verbindung
zur Welt zusammenhängt. Das Hauptziel der Behandlung ist dann
auch Hilfeleistung beim «Bewohnen» des Körpers und beim Kennenlernen und Sich-Zurechtfinden in der Welt, wozu Lesen und
Schreiben gehören.

Wenn wir die Lese-Rechtschreib-Schwäche auf diese Weise betrachten, geht es uns nicht nur um Fehler beim Diktat und nicht funktions-
fähige Verbindungen zwischen den Gehirnpartien, sondern wir bege-
ben uns nun in ein Gebiet, in dem man nicht mehr *«messen»* kann und
das kaum (geistes-)wissenschaftlich untersucht worden ist. Das Wesen
der Dinge verbirgt sich nicht hinter dem, was es offenbart, sondern es
kommt gerade dadurch zum Vorschein, sagte Goethe einmal.[29] Wenn
wir das «Wesen» der Legasthenie ergründen wollen, müssen wir beobachten, wie es sich offenbart, was also seine Phänomene sind.

Legasthenie und Zahnwechsel

Walter Holtzapfel war einer der ersten, der auf diese Weise Legasthenie betrachtete. In dem Merkblatt «Legasthenie – ein Zeitproblem»
geht er bei der Betrachtung der Legasthenie vom ganzen Menschen
aus. In der bereits beschriebenen Darstellung von Dumont und
Kuipers wurden nur die physische Entwicklung (namentlich die des
Gehirns) und die seelische Entwicklung (welche psychischen Funktionen braucht man zum Lesen und Schreiben, und wie sind diese bei
legasthenischen Kindern gestört?) in Betracht gezogen.

Nach Walter Holtzapfel müssen für ein richtiges Verständnis der
Legasthenie noch zwei andere Aspekte mit einbezogen werden: erstens alles, was mit den Lebensprozessen zusammenhängt, die sich
im menschlichen Körper abspielen, wozu der Aufbau und die Ent-

wicklung des Körpers gehören; und zweitens das menschliche Ich, der «Dirigent», wie Holtzapfel ihn nennt, der unserer Entwicklung die Richtung gibt und das «Instrument» bedient.

Die Seele als das Gebiet der psychischen Prozesse, zu denen das Lernen gehört, hängt eng mit dem Bereich der allgemeinen Lebensprozesse des Wachstums und der Entwicklung zusammen. Wie wir bei den Ausführungen von Christine Kuipers gesehen haben, muß das Gehirn des Kindes eine bestimmte Entwicklung durchmachen, bevor das Kind lesen lernen kann. Das Wachstum – oder vielmehr die physische Entwicklung als Ganzes – ist also Voraussetzung für das Lernen, das wiederum ein Teil der psychischen Entwicklung ist. Für Rudolf Steiner liegen bei der leiblichen und bei der psychischen Entwicklung die gleichen Kräfte zugrunde, nämlich die Lebens- oder Formkräfte, auch Ätherkräfte genannt. Diese Lebenskräfte arbeiten in den ersten sieben Jahren überwiegend am Wachstum und an der Entwicklung und am Aufbau des physischen Leibes.

In einem letzten Wachstumsschritt wird beim Menschen die Zahnbildung abgeschlossen. Um das siebente Lebensjahr herum sind alle Front- und Mahlzähne in ihrer endgültigen Form vorhanden, teils sichtbar, teils noch unter dem Zahnfleisch verborgen (wie beispielsweise die Weisheitszähne).[30] Die Lebenskräfte haben jetzt einen Teil ihrer Bildefunktion verloren; ihre Aufgabe beschränkt sich nun darauf, dem Wachstum, dem Unterhalt des Körpers und der Heilung bei Krankheit zur Verfügung zu stehen; die eigentliche Aufbauphase ist abgeschlossen. Die Kräfte, die bis dahin zum Aufbau gebraucht wurden, werden entbunden und können ihr Wirkungsfeld von der leiblichen auf die psychische Entwicklung verlegen; sie werden für das Lernen frei.

Natürlich lernt das Kind auch schon vor seinem siebten Lebensjahr vieles, aber das sind überwiegend Dinge, die direkt mit dem eigenen Körper und mit Gegenständen zu tun haben; die Kräfte, die dazu benötigt werden, sind noch an den Körper gebunden. Nach dem siebten Jahr ist das Kind imstande, abstrakte Dinge zu lernen, die nicht direkt aus seiner Leiblichkeit oder seiner eigenen kleinen Erlebniswelt hervorgehen, wie die Buchstaben. Zu diesem Übergang der Lebenskräfte in den seelischen Bereich gesellt sich im siebenten Lebensjahr noch eine andere wichtige Umstellung. Im menschlichen Leib wirken die Lebenskräfte im rechten und linken Bereich in gleicher Weise:[31]

Der Körper ist symmetrisch aufgebaut. Aber wenn das Kind anfängt, die Buchstaben und Ziffern zu lernen, muß es zwischen rechts und links unterscheiden können: zum Beispiel zwischen d und b. Arbeiten bei einem Kind die Lebenskräfte jedoch weiterhin nach der bisherigen Gesetzmäßigkeit, wird es diese Unterscheidung nicht treffen können.

Das Ich hat mit diesem Prozeß in zweierlei Hinsicht zu tun: Einerseits ist es der «Baumeister», der sich darum kümmert, daß dieser Aufbau in der richtigen Weise vor sich geht; andererseits sorgt es dafür, daß die freigewordenen Ätherkräfte umgewandelt werden, so daß sie für das Lernen gebraucht werden können. Holtzapfel sieht die Ursache für das ungenügende Umwandeln dieser Kräfte bei legasthenischen Kindern in der Tatsache, daß ihr Ich sich langsamer als bei anderen Kindern mit der Leiblichkeit verbindet. Das zeigt sich nicht nur in einer verspäteten motorischen Entwicklung, sondern auch in einem kindlicheren Aussehen. Auch die Sprachentwicklung, in der sich ebenfalls ausdrückt, wie die Individualität sich mit der Leiblichkeit verbindet, ist bei legasthenischen Kindern oft verzögert.

Legasthenie und der Aufbau des physischen Leibes

Audrey McAllen hat festgestellt, daß zwei Drittel der Kinder in englischen Waldorfklassen kein richtiges Körperbewußtsein haben.[32] Das heißt, daß sie nicht genau wissen, wo sich die verschiedenen Körperteile befinden, welchen Stand ihre Arme und Beine im Raum einnehmen und wie sich diese im Verhältnis zueinander bewegen. Innerhalb dieser Gruppe von Kindern sind selbstverständlich nicht alle Legastheniker, aber doch ein erheblicher Teil. Das gestörte Körperbewußtsein dieser Kinder führt Audrey McAllen auf die Tatsache zurück, daß sie ihren physischen Leib in den ersten sieben Jahren nicht richtig aufbauen konnten. In verschiedenen Artikeln[33] beschreibt sie diesen Prozeß ausführlich und erklärt, warum sich bei solchen Kindern das Ich nicht fest genug in der Leiblichkeit hat verankern können; das hat zur Folge, daß die Lebenskräfte – wie bereits beschrieben – später unzureichend in Gedankenkräfte umgewandelt werden können.

Die Struktur des menschlichen Leibes (Knochen, Muskeln, Nerven und Organformen usw.) ist universell: Alle Menschen in der ganzen Welt haben einen gleichartigen physischen Leib, der von Generation zu Generation vererbt wird. Wie vorher schon dargestellt wurde, wird dieser Leib im ersten Jahrsiebt durch die Lebenskräfte aufgebaut (A. McAllen spricht von Formkräften). Diese gestaltenden Kräfte bauen den Leib nach einem «universellen Bauplan» auf, der aus der vorgeburtlichen Welt mitgebracht wird. Rudolf Steiner beschreibt die Wirkung dieser Kräfte als einen «plastischen» Strom, der von oben nach unten den Leib durchzieht.[34] Das Gehirn wird als erstes Organ fertig: Schon nach zweieinhalb Jahren entsteht kein neues Gewebe mehr, es wird im Gegenteil Hirngewebe bereits wieder abgebaut. Dann werden die übrigen Organe aufgebaut, und mit sieben Jahren sind auch die Zähne, als letzter Teil, fertig.

Mit dem *Aufbau* des physischen Leibes – dem ersten Prozeß in der Entwicklung des Kindes – ist die Entwicklung aber noch nicht abgeschlossen. Das Ich muß den Leib auch *bewohnen* – ein weiterer Prozeß der kindlichen Entwicklung –, so daß er zum «Instrument» werden kann, mit Hilfe dessen das Ich in Verbindung mit der Außenwelt treten kann. Sobald ein Teil des Leibes «fertig» ist – zuerst ist das beim Kopf der Fall –, kann das Ich diesen Teil in Besitz nehmen, es kann ihn individualisieren. Für das kleine Kind sind die Sinneseindrücke und die Bewegung von wesentlicher Bedeutung beim Ergreifen des Leibes. Es entdeckt seine Händchen, indem es sie ansieht. Daraufhin fängt es an, sie bewußt zu bewegen, und dadurch erfährt es, daß es *seine* Händchen sind.

Auf der einen Seite ist Bewegung, neben der Sinnesbetätigung, das wichtigste *Mittel*, um den Leib zu bewohnen; auf der anderen Seite können wir die Zunahme der motorischen Fähigkeiten auch als einen *Ausdruck* des immer vollständigeren In-Besitz-Nehmens des Leibes betrachten.

Dieses Ergreifen des Leibes beginnt, wie gesagt, beim Kopf. Der Kopf ist somit auch der erste Körperteil, den das Kind beherrschen lernt, den es also selbst bewegen kann: Mit etwa drei Monaten können die meisten Kinder das Köpfchen heben. Dann wird der Rumpf in Besitz genommen: Erst hebt das Baby aus der Bauchlage die Brust hoch, dann folgt das Umrollen vom Bauch auf den Rücken. Die meisten Kinder können mit sechs Monaten frei sitzen. Die Arme und Händchen haben ebenfalls diese Entwicklung durchgemacht: Das Kind entdeckt seine Händchen, und es kann jetzt Dinge greifen. Als

Nächstes durchdringt es seine Beine; mit acht Monaten können die meisten Kinder mit Hilfe einer Stütze stehen, und mit anderthalb Jahren können die meisten Kinder frei gehen.

Wenn das Kind auf diese Weise seinen ganzen Leib in Besitz genommen hat, kommt ein dritter Prozeß in Gang: Der Körper wird Schritt für Schritt als Instrument in Gebrauch genommen, um die Außenwelt kennenzulernen. Dieser Vorgang vollzieht sich von unten nach oben und fängt bei den Gliedmaßen an: Sobald das Kind krabbeln und gehen kann, ist es imstande, seine Umgebung zu erforschen. Das findet in der Phase der «Rüsselmotorik» statt, wobei das Kind in allem lebt, was sich vor ihm befindet (und weniger in dem, was hinter ihm ist). Erst wenn das Kind sich aufrichten kann, ist es auch imstande, die Dimension oben/unten zu erleben.

Wie die symmetrische Motorik, entwickelt sich das Sprechen aus dem menschlichen Mittelbereich heraus. Karl König sieht das Sprechen, nach dem Gehenlernen, als zweiten Meilenstein im Prozeß des Kennenlernens der Welt.[35] Der Körper ist nicht länger nur ein Instrument, um die Welt – mittels der Bewegung – kennenzulernen, sondern wird jetzt auch zum Instrument, um sie zu erobern: Indem es die Dinge benennt, macht das Kind sie sich zu eigen, mit der Sprache gibt es den Dingen um sich herum Bedeutung. Durch diese Sprachentwicklung, die während der Phase der symmetrischen Motorik stattfindet, erobert sich das Kind allmählich die «soziale Dimension». Es kann nun kommunizieren, also den anderen mittels der Sprache erreichen; jetzt fangen die Kinder an, zusammen zu spielen.

Mit etwa drei Jahren (heutzutage oft früher) sagt das Kind «ich» zu sich selbst. Darin sieht Karl König den dritten Meilenstein im Prozeß des Kennenlernens und Sichverbindens mit der Welt: Die Entwicklung des Denkens beginnt. Indem das Kind «ich» sagt, gibt es zu erkennen, daß sein Selbstbewußtsein erwacht ist. Im Denken, noch nicht im Erleben, wird es sich allmählich der Trennung zwischen Ich und Außenwelt bewußt. Parallel zu dieser Entwicklung des Denkens erobert es sich eine neue Dimension: die Zeitdimension. Jetzt kann es sich an bestimmte Dinge erinnern, und nach dem fünften Lebensjahr beginnt es, über «morgen» und «gestern» zu reden. Von diesem Moment an kann sich die asymmetrische Motorik entwickeln. Sie führt zur Lateralisierung, die für das Lernen abstrakter Dinge wie Buchstaben und Ziffern die Voraussetzung ist.

In den ersten sieben Jahren vollziehen sich also drei verschiedene Prozesse der kindlichen Entwicklung: Zum einen wird der physische Leib von oben nach unten aufgebaut, nach dem «universellen Bauplan». Hiermit hängt der zweite Prozeß, das In-Besitz-Nehmen des Leibes, eng zusammen; er verläuft ebenfalls von oben nach unten. Dabei sind die vom Kind gesammelten Sinneseindrücke von wesentlicher Bedeutung. Wir werden im folgenden Kapitel sehen, wie die heutige Zivilisation gerade in diesem Punkt die Entwicklung des Kindes gefährdet: indem sie einerseits dem Kind viele wertvolle Sinneseindrücke geraubt hat, es andererseits mit Eindrücken ganz anderer Art geradezu überflutet.

Im dritten Prozeß kommt die Verbindung mit der Welt zustande. Gehen, Sprechen und Denken sind für die kindliche Entwicklung drei Meilensteine innerhalb dieses Prozesses, die unmittelbar mit der motorischen Entwicklung zusammenhängen und jedesmal zur Eroberung einer neuen «Dimension» führen. Der gesunde Ablauf dieses dritten Prozesses, das heißt des Sich-Hineinfindens in die Welt, wird heute durch den immer stärkeren Mangel an Bewegungsmöglichkeiten beeinträchtigt. Zum Spielen ist immer weniger Raum vorhanden. Auf Bäume zu klettern, zu graben oder Hütten zu bauen ist in der Stadt fast unmöglich. Die reiche Vielfalt an Kinderspielen, die ausgezeichnete Übungen für die Motorik enthalten wie Kreiseln, Reifentreiben und Knöchelspiele, gibt es nicht mehr. Sportvereine können diese Lücke offenbar nicht ganz ausfüllen. Viele Kinder verbringen mehrere Stunden täglich vor dem Fernseher; dabei bewegen sie sich nicht im geringsten. Ein anderes Beispiel: Oft gibt man den Kleinkindern beim Gehenlernen Hilfsmittel, etwa ein Laufrad, anstatt sie allein gehen lernen zu lassen. Dadurch können sie sich nicht selbst bemühen und den gesamten Bewegungsvorgang vollziehen. Auch die Nachahmung sinnvoller, sich wiederholender Bewegungen der Erwachsenen, die von wesentlicher Bedeutung für die Entwicklung der Bewegung wäre, ergibt sich nicht mehr ohne weiteres: Auf den Knopf der Waschmaschine zu drücken kann kaum als nachahmenswerte Handlung bezeichnet werden; als die Mutter die Wäsche noch mit einem Waschbrett in einem großen Zuber wusch, bot sie den zuschauenden Kindern dagegen eindrucksvolle und sinnreiche Gestik.

Durch die Errungenschaften unserer Zeit (wozu ich die Waschmaschine rechne) wird es für immer mehr Kinder unmöglich, ihren Leib

als «passend wie einen Handschuh», wie Audrey McAllen es ausdrückt, zu erfahren.[36] Gerade diesen Kindern droht die Gefahr späte-
rer Lernprobleme.

Audrey McAllen beschreibt zwei Phänomene, woran solche Kinder zu erkennen sind: Wenn man ein Kind, nachdem es eine bestimmte Klatsch- und Springübung ausgeführt hat, auf einem Blatt
Papier ein Bild mit einem Haus, einem Baum und einem Menschen
malen läßt, kann man an diesem Bild erkennen,[37] wie das Kind in
seinem Leib steckt. Nach dem ersten Jahrsiebt nämlich malen «gesunde» Kinder eine menschliche Figur dreigliedrig: Kopf, Rumpf
und Gliedmaßen werden als drei voneinander getrennte Gebiete dargestellt. An der gemalten menschlichen Gestalt kann man ablesen, ob
es ein Kind vermocht hat, bestimmte Teile des Körpers genügend zu
durchdringen.

Ein zweites Symptom, das darauf hinweist, daß ein Kind seinen
Leib nicht in der richtigen Weise bewohnt, ist die *gekreuzte Domi-
nanz*.[38] In einem solchen Fall bevorzugt es beim Gebrauch seiner
Hände, seiner Augen, Ohren und Beine nicht jeweils dieselbe Seite.
Ein Kind kann zum Beispiel rechtshändig sein, aber das linke Auge
oder das linke Bein bevorzugen.

Bevor die Lateralisierung auftritt, sollten beide Seiten des Körpers
durch Üben gestärkt werden: Es gibt in der motorischen Entwicklung nämlich eine Phase, in der das Kind (unbewußt) in der Körper-
mitte eine Art vertikale Linie erlebt, die von den Händen nicht überschritten wird. Das hat zur Folge, daß ein Kindergartenkind zum
Beispiel ein Klötzchen, das wir rechts von ihm hinlegen, nur mit der
rechten Hand aufhebt und ein Klötzchen, das links liegt, nur mit der
linken Hand. Wenn das Kind mit der rechten Hand malt, legt es das
Blatt Papier äußerst rechts von sich. Es gibt sogar Kinder, die während dieser Phase die rechte Hälfte ihres Blattes mit der rechten Hand
ausmalen und den Stift in die linke Hand nehmen, sobald sie die Mitte
überschreiten. Im Kindergartenalter ist das normal, aber wenn bei
Kindern diese unsichtbare Mittellinie nach dem sechsten Lebensjahr
weiterhin bestehen bleibt, kann das zu einem erheblichen Hindernis
für richtiges Lesen und Schreiben werden: Beim Lesen können diese
Schüler manchmal die eine Blatthälfte nicht richtig wahrnehmen, und
beim Schreiben werden Rechtshänder auf der linken Seite des Blattes
einen beträchtlich großen Rand lassen, während Linkshänder bereits

ein beträchtliches Stück vor dem rechten Blattrand aufhören. Es kann auch sein, daß die Rechtshänder ihr Heft rechts vor sich legen und die Linkshänder links, so daß die Mittellinie nicht überschritten wird, wie es beim normalen Schreiben fortwährend geschieht. Wenn das Kind diese «Barriere in der Mitte» am Ende der Kindergartenzeit nicht überwunden hat, ist das ein Zeichen dafür, daß es ihm nicht gelungen ist, seinen Leib wirklich zu bewohnen.

Die Kinder, die ihren Leib nicht richtig ergriffen haben, können durch passende Übungen das nachholen, was sie im ersten Jahrsiebt auf dem Gebiet der Bewegung oder der Sinneswahrnehmung versäumt haben.[39]

Legasthenie und die Sinne

Im ersten Jahrsiebt bedeutet Erziehung eigentlich das Erziehen des physischen Leibes. Ein wichtiger Teil davon besteht in der Pflege, das heißt darin, dafür zu sorgen, daß das Kind ausreichend und gute Nahrung bekommt, daß es warm hat und Krankheiten in der richtigen Weise durchmachen kann.

Rudolf Steiner nennt den physischen Leib manchmal auch «die Summe der Sinne». Erziehen in den ersten sieben Jahren bedeutet also, für die richtige Nahrung nicht nur des physischen Leibs, sondern auch der Sinne zu sorgen.[40] Die Sinneseindrücke, die das Kind sammelt, bestimmen in hohem Maße den Aufbau seines physischen Leibes. Umgekehrt ist ein gesunder Aufbau des Leibes Voraussetzung für das richtige Funktionieren der Sinne.

Michaela Glöckler betrachtet die Lese-Rechtschreib-Schwäche unter dem Aspekt der Sinne.[41] Sie bezieht sich dabei auf die Sinneslehre, wie sie durch Rudolf Steiner entwickelt wurde.[42] Steiner unterscheidet beim Menschen nicht nur fünf, sondern zwölf Sinne, das heißt zwölf «Tore» zur Wirklichkeit, wobei jeder Sinn eine andere Qualität der Welt wahrnimmt. Diese zwölf Sinne sind:

Tastsinn	Geruchsinn	Gehörsinn
Lebenssinn	Geschmacksinn	Wortsinn
Bewegungssinn	Gesichtssinn	Gedankensinn
Gleichgewichtssinn	Wärmesinn	Ichsinn

Michaela Glöckler kommt zu dem Schluß, daß das Hauptproblem bei legasthenischen Kindern in einer mangelhaften Zusammenarbeit zwischen den verschiedenen Sinnen liegt. Um die Form eines Buchstabens oder eines Wortes wahrnehmen zu können, arbeiten bereits fünf Sinne zusammen:

1. Der *Gesichtssinn* registriert die Farben und Lichtverhältnisse.
2. Der *Bewegungssinn* nimmt die Bewegungen und den Stand des eigenen Körpers im Raum wahr. Um eine Form wahrnehmen zu können, muß sich das Auge der Form entlang bewegen. Der Bewegungssinn registriert die Augenbewegung, er bewegt sich sozusagen mit und erfährt auf diese Weise die Form.
3. Der *Gleichgewichtssinn* ist eng verbunden mit unserer räumlichen Orientierung; er hilft beim Wahrnehmen der Buchstabenrichtung.
4. Der *Lebenssinn* nimmt den Zustand unseres Körpers wahr; ob wir Hunger haben oder ob es uns kalt oder warm ist, ob also alle Prozesse in unserem Körper in einem richtigen Verhältnis zueinander ablaufen. Dadurch kann dieser Sinn auch die Verhältnisse in der Umwelt wahrnehmen und uns ein Gefühl vermitteln, ob etwas harmonisch ist oder nicht. In einem Zimmer, das keine richtigen Proportionen hat, fühlen wir uns eventuell beklemmt: Falsche Proportionen rufen in uns eine physische Reaktion hervor. Sie ist auf die Wirkung des Lebenssinnes zurückzuführen. Auch beim Wahrnehmen der Verhältnisse zwischen den Buchstabenformen spielt er eine Rolle.
5. Der *Tastsinn:* Wir «tasten» eine Form mit unserem Blick ab. Dieses «Tasten» ist nicht nur eine Sache der Augenbewegung, sondern hängt auch mit dem frühkindlichen Erkennen von Formen durch das Ertasten zusammen. Die erste Erfahrung von «rund» und «ekkig» geschah mit unserem Tastsinn, indem wir als kleines Kind Klötzchen aufhoben, sie betasteten und in den Mund steckten. Diese frühe Erfahrung ermöglicht es uns später, eine Form zu erkennen.

Um zu hören, aus welchen Lauten ein Wort aufgebaut ist, arbeiten vier Sinne zusammen:

1. Der *Gehörsinn.*
2. Der *Tastsinn:* Auch ein Laut wird «abgetastet». In der frühesten Kindheit haben wir durch Bewegen und durch das Wahrnehmen

von Bewegung, aber vor allem durch das Tasten Geräusche kennengelernt. Eines der ersten Geräusche lernt das Kind kennen, wenn es mit seinen Händchen den Rand der Wiege entlanggleitet und merkt, daß das ein Geräusch verursacht. Ein Tasten erzeugt Geräusch. Ein Kind lernt, daß Dinge, die sich anders anfühlen, auch anders klingen; so verhilft der Tastsinn dem Kind dazu, die Qualität der Geräusche kennenzulernen.

3. Der *Wortsinn* ermöglicht es uns, die verschiedenen Laute im Wort als Ganzheit zu erleben und eine Gruppe von Lauten als ein Wort zu erkennen.

4. Der *Gedanken-* oder *Begriffssinn* ermöglicht es uns, die Gedanken wahrzunehmen, die in den Worten ausgedrückt sind. Viele Worte können wir auch schreiben, ohne sie zu begreifen. Aber ob wir «lehren» oder «leeren» schreiben müssen, wissen wir erst, wenn wir den Text auch begreifen.

Für den ganzen Lese- und Schreibvorgang sind nicht nur diese acht Sinne notwendig, sondern das Zusammenwirken aller zwölf Sinne. Die drei Sinne des *Geruchs*, des *Geschmacks* und der *Wärme* sind am stärksten mit dem Gefühl verbunden. Daß es sich hierbei nicht nur um das konkrete Riechen und Schmecken handelt, zeigen uns Ausdrücke wie: «das ist Geschmackssache», «diese Arbeit schmeckt mir nicht», «die Sache riecht faul» und «die richtige Nase für etwas haben». Für den Wärmesinn gilt dasselbe: Mit diesem Sinn nehmen wir nicht nur physische, sondern auch seelische Wärme wahr. Auch das zeigt sich in allerlei Ausdrücken: «warme Anteilnahme», «die Gemüter sind erhitzt» und «einen warmen, kühlen oder eisigen Empfang». Im Lernprozeß spielen diese Gefühlsaspekte sicher eine Rolle: Ein Kind mit Lese- und Schreibschwierigkeiten hat bestimmt keinen «Lesehunger», es gerät nicht «in Feuer» über ein Diktat und hat wenig «Appetit» darauf, einen Aufsatz zu schreiben.

Mit dem *Ichsinn*, dem zwölften Sinn, nehmen wir das Ich, die Individualität des anderen Menschen, wahr. Von den zwölf Sinnen ist dieser am schwersten zu begreifen, weil seine Tätigkeit überwiegend unbewußt abläuft. Wenn wir zu jemandem sagen: «Komm doch mal wieder zu dir!», dann nehmen wir wohl unbewußt wahr, *wer* der andere wirklich ist, obwohl wir das selten in Worte fassen können. Wir können das Ich des anderen nur wahrnehmen, wenn wir die

Tätigkeit unseres eigenen Ich kurz ausschalten, um uns dann gleich danach dieser Wahrnehmung bewußt zu werden.

Welche Rolle diese Fähigkeiten im Lernprozeß spielen, ist schwer zu begreifen. Michaela Glöckler bezieht sich hier auf die *Die Geheimwissenschaft im Umriß*, in der Rudolf Steiner schildert, wie sowohl die «Formensprache» der Naturreiche als auch das menschliche Ich ihren Ursprung den schöpferischen Kräften der Geister der Form verdanken.[43] Hat unser Ichsinn eine spezielle Verbindung mit dem Wahrnehmen von Formen? Oder beruht seine Wirkung beim Lernen vielmehr auf der Tatsache, daß das Kind zwischen sieben und vierzehn Jahren nur von einem Erwachsenen etwas lernen kann, den es als Autorität erlebt? In diesem Falle kann man sagen, daß das Kind in jener Zeit durch das Ich eines anderen Menschen lernt.

Durch die Tore der Sinne nehmen wir zwölf verschiedene Qualitäten der Wirklichkeit wahr, und unser Ich bekommt die Möglichkeit, sich mit diesen Qualitäten zu verbinden. Um aber etwas als eine Ganzheit erleben zu können – was ebenfalls Voraussetzung für das Lernen ist –, müssen diese Qualitäten zu einer Einheit zusammengefügt werden. Das findet statt in unserem *Denken*, in engem Zusammenwirken mit dem *Fühlen*. Dabei handelt es sich nicht um ein zufälliges Zusammenfügen, bei dem jede Qualität der Wirklichkeit gleich viel gilt. Im Gegenteil, wir beurteilen unsere Wahrnehmungen, und wir geben ihnen Bedeutung. Das vollführt das Ich mit Hilfe des Denkens (anhand der Begriffe und Urbilder, die uns zur Verfügung stehen) und des Fühlens (indem wir auf Erfahrungen und auf das Beurteilen, ob etwas wichtig ist oder nicht, zurückgreifen).

Dieses Zusammenwirken muß beim Lesen und Schreiben optimal sein, denn hierbei ist eine exakte Wahrnehmung erforderlich. Die Buchstaben unterscheiden sich nur durch feine Abwandlungen in Form oder Richtung voneinander: Kaum hörbare Lautunterschiede, wie zwischen d und t, werden durch unterschiedliche Zeichen wiedergegeben, während das gleiche Zeichen für ganz verschiedene Laute stehen kann (zum Beispiel «sch» in «Häschen» und «haschen»).

Außerdem gelten im Bereich der Buchstaben (und Ziffern) andere Gesetze als in der Welt der konkreten Dinge, wie wir schon den Ausführungen von Dumont entnehmen konnten (siehe S. 34ff.): Bei einem Einzelbuchstaben bestimmt die Richtung den Laut und letztlich die Wortbedeutung. Eine Tasse, eine Katze oder der Nachbar dagegen werden nicht etwas oder jemand anderes, wenn wir sie von vorne, von hinten oder sogar auf den Kopf gestellt anschauen. Deswegen ist es verständlich, daß eine geringfügige Störung im Zusammenspiel zwischen den Sinnesfunktionen und Denken und Fühlen oder das nicht optimale Funktionieren eines einzelnen Sinnes schon Rückwirkungen auf das Lesen und Schreiben haben.

Wir haben bereits gesehen (S. 52), wodurch eine gesunde motorische Entwicklung in unserer heutigen Zivilisation erschwert wird. Auch die Entwicklung der Sinne und deren Zusammenwirken wird durch unsere moderne Lebensweise beeinträchtigt.

Beim kleinen Kind sind die Kräfte, die später beim Denken angewandt werden, noch ganz leibgebunden. Das kleine Kind lernt ja unmittelbar mit seinem Leib, indem es alles nachahmt, was es in seiner Umgebung wahrnimmt. Gibt es im Beisein der Kinder oft intellektuelle Auseinandersetzungen, dann wird ihr Abstraktionsvermögen zu früh angesprochen. Dadurch werden dem Aufbau des physischen Leibes Lebenskräfte entzogen, und die Nachahmungsfähigkeit läßt vorzeitig nach, so daß die Kinder weniger Sinneserfahrungen sammeln. Anstatt bei einer Tätigkeit mitzumachen, schauen sie oft nur noch zu. Das Sehen entwickelt sich vielleicht schon noch dabei, aber die anderen Sinne wie der Bewegungssinn, der Gleichgewichtssinn und der Tastsinn empfangen viel weniger Eindrücke. Werden bei einem Kind die Lebenskräfte aber zu früh dem Aufbau des physischen Leibes entzogen, dann werden die physischen Organe, die der Sinnestätigkeit zugrunde liegen, nicht vollständig ausgebildet. Die Sinne werden also von zwei Seiten in ihrer Entwicklung gehindert: einerseits dadurch, daß die Durchgestaltung der Organe nicht zum Abschluß gebracht werden kann; und andererseits kommt es nicht zur optimalen Entwicklung der Sinne, da Kinder in der Gegenwart häufig weniger Erfahrung machen können, als nötig wäre.

Aber auch auf anderen Gebieten werden den Kindern heutzutage Übungsmöglichkeiten genommen, die für die Entfaltung einzelner Sinne und für deren Zusammenarbeit notwendig sind. Beim Gehen, vor allem in der Anfangszeit, wirken der Gesichtssinn, der Gleichgewichtssinn und der Bewegungssinn intensiv zusammen. Wenn ein Kind jedoch mit Hilfe eines Laufrades oder Laufgestells gehen lernt, wird der Gleichgewichtssinn, im Zusammenhang mit dem Bewegungssinn und dem Sehen, ungenügend geübt. Der Wärmesinn wiederum kann abgestumpft werden, wenn das Kind regelmäßig zu kalt angezogen ist oder die Umgebung wenig Geborgenheit bietet, zuwenig psychische Wärme. – Beim Fernsehen sind die Augen des Kindes starr auf den Bildschirm gerichtet: Die Augen sind in Ruhestellung, während sich das Bild bewegt. Normalerweise passiert gerade das Umgekehrte, wenn man Dinge in der Umgebung wahrnimmt: Das Auge muß sich fortwährend bewegen, Gegenstände abtasten und sich auf Gegenstände einstellen, die weiter weg oder näher sind. Hierbei arbeiten der Sehsinn, der Bewegungssinn und der Tastsinn intensiv zusammen. Zum Fernsehen reicht jedoch der Gesichtssinn.

Außerdem sind in unserer heutigen Zivilisation die Sinne der Kinder schnell überfordert: Sie werden von Sinneseindrücken aller Art geradezu überflutet und sind oft Hintergrundgeräuschen (Musikberieselung oder Verkehrslärm) ausgesetzt. Viele natürliche Gerüche und Geschmacksrichtungen sind verschwunden. Äpfel und Birnen duften nicht mehr wie früher, schreibt Michaela Glöckler nostalgisch. Wann riecht man noch Blumen in der Stadt? Glöckler beschließt ihre Beschreibung dieser traurigen Beobachtungen mit dem Phänomen der sogenannten «Wahrnehmungslügen»: So gibt es zum Beispiel Klötzchen, die aussehen, als wären sie aus Holz, sich aber nicht wie Holz anfühlen – denn sie sind eben aus Plastik.

Audrey McAllen erwähnt noch das Auto-, Bus- oder Bahnfahren als eine zusätzliche Bedrohung für die richtige Entwicklung der Sinne:[44] Das Kind sieht bei der Fahrt ununterbrochen neue Bilder auf sich zukommen, und zwar mit einer solchen Geschwindigkeit, daß es dem Kind unmöglich wird, sich innerlich oder äußerlich mit dem mitzubewegen, was es sieht. Geschieht dies oft, kann es ebenfalls sein, daß das Nachahmen in anderen Situationen gelähmt wird, weil das Kind in seinem Drang entmutigt worden ist, sich mitzubewegen.

Legasthenie und Symmetrie

Wir haben das Legasthenieproblem schon einige Male mit dem Phänomen der *Symmetrie* in Verbindung gebracht: zum einen, als wir auf Untersuchungen hinwiesen, die bei Legasthenikern einen *symmetrischen* Gehirnaufbau, im Gegensatz zum asymmetrisch aufgebauten Gehirn bei Nicht-Legasthenikern, feststellten (siehe S. 36); des weiteren, als wir im Zusammenhang mit der motorischen Entwicklung darstellten, daß zum Lesen- und Schreibenlernen die Entwicklung einer *asymmetrischen Motorik* mit einer eindeutigen Präferenz für eine Körperseite (Lateralisierung) notwendig ist (S. 44 f.). Ein drittes Mal wurde im Zusammenhang mit dem Freiwerden der Lebenskräfte nach dem ersten Jahrsiebt über Symmetrie gesprochen (siehe S. 48 f.). Solange diese Kräfte nicht umgewandelt werden, wirken sie ihren ursprünglichen Gesetzmäßigkeiten entsprechend symmetrisch. Erst wenn sie durch das Ich ergriffen werden, können sie anfangen, asymmetrisch zu wirken, so daß das Kind zwischen rechts und links unterscheiden lernen kann. Offenbar gehört also die Symmetrie als Gesetzmäßigkeit zu den Lebenskräften. Die Pflanzen, an denen wir die Wirkung der Lebenskräfte in ihrer reinen Form beobachten können, sind fast vollständig symmetrisch aufgebaut. Asymmetrie entsteht hier nur durch Umwelteinflüsse (Sonne, Wind, Verwachsung durch Krankheit usw.). Die meisten Organe bei Mensch und Tier sind ebenfalls symmetrisch gebildet. Bei den Tieren – die ja kein Ich haben – ist auch das Gehirn symmetrisch aufgebaut. Asymmetrie, die Tatsache also, daß rechts und links qualitativ verschieden sind, kommt ausschließlich beim Menschen vor und spielt eine essentielle Rolle bei einer der menschlichsten Schöpfungen: der geschriebenen Sprache, deren Erwerb gerade bei Legasthenikern zu unüberwindlichen Schwierigkeiten führen kann.

Wenn man bei Legasthenikern im nachhinein untersucht, wie sie in dem ersten Jahrsiebt die drei vorher charakterisierten Entwicklungsprozesse (siehe S. 50 ff.) durchgemacht haben, stellt man fest, daß in jeder dieser drei Phasen die *Asymmetrie* ungenügend entwickelt worden ist. Während des ersten Prozesses, dem Aufbau des physischen Leibes, wird bei legasthenischen Kindern das Gehirn statt asymmetrisch symmetrisch aufgebaut. Während des zweiten Prozesses, also während des In-Besitz-Nehmens des Leibes, wird die Lateralisierung, das heißt die eindeutige Trennung zwischen einer dominanten und einer nichtdominanten Seite, nicht genügend erreicht. In der dritten Phase, in der die Kinder die Umgebung kennenlernen, gelingt es ihnen nicht, links und rechts in ihrer Umgebung zu unterscheiden.

Wie Walter Holtzapfel beschreibt, ist es die Wirksamkeit des Ich, die in jeder Phase die Asymmetrie hervorbringt. Wir dürfen also annehmen, daß bei Legasthenikern das Ich in diese drei Prozesse ungenügend eingreift.

Dabei geht es nicht um die Kraft, mit der das Ich eingreift, sondern es geht darum, ob das Ich die Möglichkeit findet, die Leiblichkeit wirklich zu durchdringen. Wie bereits beschrieben wurde, kann dieser Prozeß durch die ständigen Angriffe auf die Sinne und die um sich greifende Bewegungsarmut in unserer Gegenwart bei allen Kindern gestört werden. Bei legasthenischen Kindern kommt außerdem hinzu, daß das Gehirn, das heißt das Instrument, dessen sich das Ich bedient, symmetrisch aufgebaut ist. Zusammenfassend können wir sagen, daß die Probleme, die jedem Kind heutzutage begegnen, beim legasthenischen Kind extrem in Erscheinung treten, wenn es in seinen Leib hereinwächst und sich mit der Welt verbindet.

Behandlung

Wann bezeichnet man ein Kind als legasthenisch?

Um einem Kind die richtige Hilfe zukommen zu lassen, muß man genau um seine Schwierigkeiten wissen. Die Bezeichnung Legasthenie hat schon viel Verwirrung gestiftet. Nicht nur Lehrer und Eltern, sondern auch «Fachleute» sind sich immer wieder uneinig darüber, was Legasthenie ist.

Für Kuipers und Weggelaar hat die Lese- und Buchstabierschwäche nichts mit dem Grad der Intelligenz zu tun.[45] Sowohl hochbegabte Kinder als auch Kinder mit einer unterdurchschnittlichen Intelligenz können Legastheniker sein. Für die beiden Autoren sind also nur die Kinder legasthenisch, bei denen die niedrige Intelligenz *nicht* die Ursache der Lese- und Schreibschwäche ist. Sie beobachten bei fast allen legasthenischen Kindern motorische Probleme und betrachten *diese* als essentiell zur Legasthenie gehörend (siehe S. 37 ff.).

Dumont benützte bis vor kurzem eine viel engere Definition der Legasthenie:[46] Nur Kinder, die zumindest eine durchschnittliche Intelligenz und keine motorischen Störungen oder räumlichen Orientierungsprobleme haben, nannte er legasthenisch. Es handelt sich hierbei nur um 2,5 Prozent aller Kinder. Die übrigen «Problemkinder» bezeichnete er als *leseschwache Kinder*. Offensichtlich hat er in seinem neuesten Buch diese Ideen aufgegeben, denn darin spricht er davon, daß über 10 Prozent der Kinder legasthenisch seien.[47]

In den vorangehenden Kapiteln ist wohl deutlich geworden, daß hier der Begriff Legasthenie in einem weiten Sinne benutzt wird. Für mich bilden die motorischen Probleme einen wichtigen Bestandteil der Legasthenie – wenn es auch legasthenische Kinder gibt, die *keine* wahrnehmbaren motorischen Störungen aufweisen, die also nur durch ihre Lese- und Rechtschreibschwierigkeiten auffallen. Zu welcher Definition man sich auch immer entschließen mag, das wichtigste bleibt, herauszufinden, welche Hilfe jedes einzelne Kind für seine Probleme braucht.

Lehrer sehen sich dennoch oft vor das Problem gestellt, Legasthenie von anderen Lernstörungen unterscheiden zu müssen. Die Lösung dafür ist nicht einfach und sicher nicht in einem Buch zu finden. Im Zweifelsfall ist es ratsam, einen Fachmann (einen Heilpädagogen oder Förderlehrer) zu Rate zu ziehen. Folgende Gesichtspunkte können bei der Lösung des Problems hilfreich sein:

1. Wenn ein Kind einen relativ intelligenten Eindruck macht, es also alles gut begreift, was in der Schule und zu Hause geschieht, und Einsicht beim Lösen von Problemen und beim Beantworten von Fragen zeigt, ihm jedoch das Lesen- und Schreibenlernen *sehr* schwerfällt, dann kann man mit Recht eine Legasthenie vermuten, vor allem, wenn Verwandte (Eltern, Geschwister, Onkel oder Tanten) das gleiche Problem haben oder gehabt haben.

2. Legasthenische Kinder sind fast immer besser im Rechenunterricht als im Sprachunterricht, obwohl sie durchaus mit dem Rechnen auch ihre Schwierigkeiten haben können. Ein Kind, das mehr Probleme mit dem Rechnen als mit der Sprache hat, ist meistens nicht legasthenisch (was nicht bedeutet, daß ihm keine angemessene Hilfe zukommen soll).

3. Wenn bei einem Kind die Ursache für die Lese- und Rechtschreibschwierigkeiten deutlich erkannt ist, zum Beispiel eine Sprachstörung oder Hörschwäche, dann handelt es sich nicht um Legasthenie.

4. Wenn das Schreiben, die Rechtschreibung oder das Lesen zunächst normal entwickelt waren, dann aber nach einem bestimmten einschneidenden Ereignis sehr viel schlechter geworden sind, dann handelt es sich wahrscheinlich nicht um Legasthenie. Vielmehr muß dann die Ursache eher im emotionalen Bereich gesucht werden.

5. Wenn ein Kind, in dessen Familie Legasthenie vorkommt, Schwierigkeiten mit der Sprache hat, dann ist dieses Kind aller Wahrscheinlichkeit nach legasthenisch, auch wenn seine Probleme anders oder nicht so ausgeprägt sind wie bei seinem legasthenischen

Bruder, seiner Schwester, seinem Vater oder seiner Mutter. Auch innerhalb einer Familie kann Legasthenie in verschiedenen Abstufungen und Formen auftreten.

6. Die Sprachentwicklung eines Kindes ist in hohem Maße abhängig von der Sprache, die es in den ersten sieben Jahren um sich herum hört. In der einen Familie wird mehr und differenzierter mit den Kindern gesprochen, in einer anderen Familie weniger und einfacher. Aber auch wenn ein Elternteil eine andere Sprache als Muttersprache spricht, dann zeigt sich das oft in der Sprachentwicklung und dem späteren Lesen und Rechtschreiben des Kindes. Hier kann die Ursache für Sprachprobleme liegen, die demnach nicht legasthenisch bedingt sind. Allerdings, und das macht die Sache noch komplizierter, gibt es auch zweisprachig erzogene Kinder, die Legastheniker sind.

Wir wollen nochmals betonen, daß es *nicht* darum geht, das Kind mit einem Stempel zu versehen, sondern unser Ziel besteht darin, das «Rätsel des Kindes» zu lösen, um ihm wirklich helfen zu können. Wenn das Kind selbst, der Lehrer oder die Eltern Legasthenie als Entschuldigung gebrauchen, um ihr Nichtstun zu rechtfertigen, äußern sie sich oft folgendermaßen: «Ich brauche das nicht zu können, denn ich bin Legastheniker»; «Dich brauche ich gar nicht zu fragen, du bist ja legasthenisch» oder «Meine Tochter kann nichts dafür, sie ist nämlich Legastheniker». Wenn aber alle zusammenarbeiten, kann diese Störung behandelt werden, so schwer das manchmal auch sein mag! Die Legasthenie wird zwar nicht beseitigt werden können, aber mit der richtigen Hilfe kann nahezu jedes Kind Lesen und Schreiben lernen.

In den meisten Fällen ist es eine Erleichterung – in erster Linie für das Kind selbst, aber auch für die Eltern und den Lehrer –, wenn eine Legasthenie festgestellt wird. Das Kind weiß dann endlich, daß es nicht «dumm» oder «verrückt» ist, die Eltern wissen, daß die Schwäche des Kindes nicht an ihnen liegt, und der Lehrer weiß, daß es sich nicht um Faulheit handelt. Das ist eine gute Ausgangsposition, um das Problem anzupacken.

Ansätze für die Behandlung

«Wie durchdringe ich meinen Leib – dies ist die unausgesprochene Frage, die jedes Kind seinen Eltern und Lehrern stellt»[48] Bei Kindern mit Lernstörungen ist dieser Appell an uns noch dringender als bei anderen Kindern. Meiner Meinung nach sollte bei legasthenischen (aber auch bei anderen lernschwachen) Kindern die Behandlung darin bestehen, dieses «Hineinkommen in den Leib» zu unterstützen, so daß das Kind über seinen Leib die Außenwelt kennenlernt und sich damit Schritt für Schritt verbinden kann.

Das bedeutet für die Erzieher, daß sie die richtige Umgebung für das Kind im ersten Jahrsiebt schaffen und ihm Entwicklungsmöglichkeiten anbieten, indem sie für gutes Spielmaterial sorgen, aber vor allem, indem sie das vorleben, was das Kind dann durch die Nachahmung in sich aufnehmen kann.

Nach dem siebten Jahr verschwindet dieses unbewußte Nachahmen zum größten Teil. Das Kind fängt an, bewußt zu lernen. Jetzt müssen die Erzieher die Schwierigkeiten, die dem Kind zu schaffen machen, genauer ins Auge fassen. Welche wichtigen Schritte hat es in seiner Entwicklung übersprungen, was muß zusätzlich geübt werden? Zunächst werden bei der Behandlung Bewegungs- und Sinnesübungen im Vordergrund stehen, denn gerade durch die Bewegung und die Sinnestätigkeit erobert ein Kind seinen Körper und lernt seine Umgebung kennen.

Entwicklungsschritte, die in den ersten sieben Jahren übersprungen oder ungenügend durchgemacht wurden, können nicht mehr auf die gleiche Weise nachgeholt werden, denn der Körperbau ist jetzt abgeschlossen und «Fehler» können nicht mehr repariert werden. Aber der Prozeß des Sich-Einlebens in den eigenen Leib und des Kennenlernens der Umwelt kann noch ergänzt werden, und zwar durch Bewegungsübungen, die den Formen entsprechen, welche die Kinder selbst in den ersten sieben Jahren dabei entwickeln. Natürlich kann man zum Beispiel von einem achtjährigen Jungen nicht mehr erwarten, daß er wie ein Baby krabbelt, aber man kann diesen Bewegungsablauf etwa in einem spannenden Verfolgungsspiel aufgreifen, bei dem man unter Bänken hindurchkriechen muß.

Wenn man Übungen auswählt, um eine bestimmte Fertigkeit zu

trainieren, sollte man das Kind immer in seiner ganzen Entwicklung vor Augen haben und sich dabei fragen: Warum habe ich gerade diese Übung ausgesucht? Warum soll es gerade dieses Wort buchstabieren? Was bedeutet das für jetzt und später? Welche Fähigkeiten sind so grundlegend, daß das Kind sie unbedingt beherrschen muß? Bei nicht ganz so fundamentalen Fertigkeiten, mit denen das Kind seine Schwierigkeiten hat, kann man zusammen mit dem Kind auf die Suche gehen, um bestimmte Lernziele auf allerlei Umwegen und mit Eselsbrücken doch noch zu erreichen. Zum Beispiel kann man einem Kind, das die Uhr nicht lesen kann, eine Digitaluhr geben, so daß es dennoch ein Zeitbewußtsein entwickelt, oder man kann einem Schüler, der in der vierten Klasse das Einmaleins noch nicht beherrscht, eine Einmaleins-Tabelle geben, so daß er trotzdem beim Bruchrechnen mitmachen kann.

Beim Umgang mit legasthenischen Kindern, sowohl zu Hause als auch in der Schule, fällt es den Erziehern manchmal schwer, zwischen Optimismus und Problembewußtsein die Waage zu halten. Man darf nicht nur den Fortschritt, die guten Anlagen und Möglichkeiten des Kindes ins Auge fassen, darf aber auch nicht nur auf die Probleme und darauf, was dem Kind noch nicht gelingt, fixiert sein. Eine allzu optimistische Einstellung kann dazu führen, daß man ihm viel zu spät die richtige Hilfe zukommen läßt. Denn man muß bedenken, daß die Legasthenie nicht von allein vorübergeht und das Kind unbedingt Hilfe bei der Überwindung der Störung braucht. Sehen aber die Erzieher, die begreiflicherweise um das Kind besorgt sind, nur noch die Schwierigkeiten, dann besteht die Gefahr, daß sie das aus dem Auge verlieren, was das Kind schon alles kann; dadurch entmutigen sie es möglicherweise.

Bei der Betreuung legasthenischer Kinder ist eine gute Zeitplanung der therapeutischen Maßnahmen außerordentlich wichtig. Zunächst muß beim Kind eine Grundlage geschaffen werden: Es muß zuerst seinen Körper richtig durchdringen. Ein nächster Schritt besteht darin, daß es sich die Grundfähigkeiten aneignet, die wir bereits ausführlich beschrieben haben. Erst wenn es diese Fähigkeiten erworben hat, wird das Lesen- und Schreibenlernen möglich.

Das ist alles leicht gesagt. Aber das Kind befindet sich nicht in einem rosa Zimmerchen, in welches nur das hereinkommt, was der Erzieher in einer bestimmten Reihenfolge hineinläßt. Das Kind selbst, das in der Schule jeden Tag schreibt, will natürlich nur eins: so schnell wie möglich lesen lernen, genau wie alle anderen Kinder. Diesen Drang, Dinge lernen zu wollen, wird es übrigens im späteren Leben noch sehr nötig haben, denn sein ganzes Leben hindurch wird es immer wieder mit Dingen konfrontiert werden, die anderen zufallen, die es sich selber aber mit großer Anstrengung und mit viel Ausdauer erkämpfen muß. Damit der Drang nicht verkümmert, muß er fortwährend Nahrung empfangen. Das Kind wird sich nicht mit Übungen zufriedengeben, von denen zwar alle sagen, daß sie gut für es sind, die aber dem Anschein nach gar nichts mit Lesen und Schreiben zu tun haben. Deswegen wird neben dem Erüben der Grundfähigkeiten mit zunehmendem Alter der direkten Lernhilfe mehr und mehr Gewicht beigelegt werden müssen.

Legastheniebehandlung in der Oberstufe wird darin bestehen, dem Schüler zum einen zu zeigen, wie er mit seinen Problemen umgehen muß, und zum anderen ihm zu helfen, wie er Wege findet, den Lehrstoff zu bewältigen.

Oft können die Eltern am besten wahrnehmen, ob ihr Kind die richtige Förderung bekommt. Dabei zählt nicht nur der erzielte Fortschritt, sondern auch die Art und Weise, wie es auf die gewählte Behandlung reagiert. Hat das Kind das Gefühl, daß ihm wirklich geholfen wird? Macht es die Übungen mit Freude? Fühlt es sich von einem Druck befreit? Auf jeden Fall ist eine gute Zusammenarbeit zwischen Eltern, Lehrer und Förderlehrer oder Therapeut während der Dauer der Behandlung unentbehrlich.

In diesem Kapitel wird auf all diese Aspekte der Behandlung eingegangen; konkrete Übungen und Anweisungen werden gegeben. Man darf aber keine fertigen Rezepte erwarten, denn die wirken nicht! Weil jedes Kind anders ist, muß für jedes eine entsprechende Behandlung entwickelt werden. Der Lehrer oder der Therapeut muß ein Kind nur genau anschauen und sich in seine Probleme hineinversetzen, dann erhält er schon eine Inspiration, um gerade *die* Übung zu finden, die dieses Kind braucht.

Zuerst werden wir uns jedoch mit der frühesten Kindheit beschäftigen, denn dort sollte die Behandlung eigentlich schon ansetzen.

Wie im vorangehenden Kapitel dargestellt wurde, wird im ersten Jahrsiebt die Grundlage für das Lernen gelegt. In diesem Zeitraum wird sozusagen das «Instrument» gebaut, auf dem das Kind später «spielen» lernt. Leider wissen die Eltern oft erst im nachhinein, daß es ihrem Kind offenbar in den ersten sieben Lebensjahren nicht gelungen ist, sein Instrument richtig zu bauen. Wenn man in Betracht zieht, daß heutzutage eine Mehrzahl der Kinder ihren Körper nicht optimal ergreifen können, weil unsere Zivilisation ihnen viele Entwicklungsmöglichkeiten genommen hat, dann wird man verstehen, warum es eigentlich bei *allen* Kindern wichtig ist, daß ihre Entwicklung in den ersten sieben Jahren aufmerksam beobachtet wird.

Ein zweiter Grund für die Beschäftigung mit dem Säuglings-, Kleinkind- und Kindergartenalter liegt darin, daß man einem legasthenischen Kind nur wirklich helfen kann, wenn man weiß, *was* ein Kind in dieser siebenjährigen Periode entwickelt und *wie* es das macht.

Für das richtige Fundament sorgen

Säuglings- und Kleinkindalter

Vieles, das früher wohltuend auf die Entwicklung des Kindes gewirkt hat, ist inzwischen verschwunden; das Neue, das an dessen Stelle getreten ist, muß dennoch nicht durchweg als negativ angesehen werden. Die Waschmaschine zum Beispiel hat zwar viele nachahmenswerte Handlungen verdrängt, dafür haben wir jetzt aber mehr Zeit, um mit unseren Kindern zu singen und zu spielen. Tätigkeiten, die früher zum alltäglichen Leben gehörten, müssen wir daher als Eltern bewußt wieder aufgreifen – nicht in der althergebrachten Form, sondern in einer neuen Form, die zu uns und unserer heutigen Zeit paßt: Wir brauchen beispielsweise nicht mehr selbst Brot zu backen; statt dessen können wir mit den Kindern Plätzchen backen.

Ein Kind bis zu etwa sieben Jahren spürt in sich einen unwiderstehlichen Drang, jede Bewegung in der Umgebung nachzuahmen. In dieser Zeitspanne lernt es mehr durch das, was man ihm vorlebt, als durch jede Art von Erklärung. Natürlich kann nicht verlangt werden, daß wir uns fortwährend jeder Handlung oder Haltung im Sitzen, Stehen oder Gehen bewußt sind. Wir würden ja todmüde werden und bald jede Spontaneität verlieren. Dennoch ist es gut, wenn wir von Zeit zu Zeit innehalten und uns fragen, ob unsere Bewegungen und Gebärden wirklich nachahmenswert sind. Jede kleine Arbeit, die wir liebevoll und aufmerksam verrichten, ist nachahmenswert – ob es sich um Staubwischen, Kartoffelschälen oder Blumen-Arrangieren handelt. Anfangs wird ein Kind sich vor allem innerlich mitbewegen, aber bald wird es auch ein Staubtuch ergreifen wollen, um genau wie Vater oder Mutter staubzuwischen.

Die Nachahmung wirkt beim kleinen Kind unmittelbar auf die Gestaltung der Organe. In seinem Aufsatz «Die Erziehung des Kindes vom Gesichtspunkte der Geisteswissenschaft» drückt Rudolf Steiner dies folgendermaßen aus: «Was in der physischen Umgebung vorgeht, das ahmt das Kind nach, und im Nachahmen gießen sich seine physischen Organe in die Formen, die ihnen dann bleiben. [...] Wie die Muskeln der Hand stark und kräftig werden, wenn sie die ihnen gemäße Arbeit verrichten, so wird das Gehirn und werden die anderen Organe des physischen Menschenleibes in die richtigen Bahnen gelenkt, wenn sie die richtigen Eindrücke von ihrer Umgebung erhalten.»[49] Er erklärt weiter, welche Eindrücke richtig sind: Das Kind soll Eindrücke von Gegenständen bekommen, die ihm kein fertiges Bild liefern, die es aber anregen, aus seiner eigenen Phantasie heraus aus den Dingen etwas zu machen. Diese Phantasiekraft wirkt gestaltend auf das Gehirn.

Nicht nur das richtige Beispiel, sondern auch die innere Haltung und die Gedanken und Gefühle, die man bezüglich der Entwicklung des Kindes hat, üben eine Wirkung aus. Auch die gute Laune der Erzieher trägt zur richtigen Gestaltung der Organe des Kindes bei.

Dieser Nachahmungstrieb hilft dem Kind ebenfalls bei der Entwicklung der Motorik, der Sinne und der Sprache, die im ersten Jahrsiebt von so wesentlicher Bedeutung ist. Bei all diesen Entwicklungsschritten ist nach wie vor das *richtige Vorbild* das wichtigste Erziehungsmittel.

Bei der motorischen Entwicklung ist es außerordentlich wichtig, daß die Eltern jede neue «Eroberung», die ihr Kind macht, mit Liebe und Begeisterung begrüßen. Weil jeder einzelne Schritt in dieser Entwicklung eine eigene, unverwechselbare Funktion beim Erobern des Raumes hat, ist es von eminenter Bedeutung, daß das Kind die einzelnen Stadien intensiv durchläuft (siehe auch S. 41 ff.).

Viele Kinder, bei denen sich in der Schule eine Legasthenie herausstellt, haben in der Kindheit die Phase des Krabbelns auf Händen und

Knien übersprungen. Man kann ein Baby natürlich nicht zum Krabbeln zwingen, aber manchmal liegt der Grund, warum es nicht zu
krabbeln anfängt, in einem äußeren Umstand: So sind zum Beispiel
Steinböden oder harte Kokosmatten dafür nicht gerade einladend.
Man sollte für ein Plätzchen mit einer weichen Unterlage sorgen, auf
der Krabbeln angenehm ist. Wenn es nicht am Untergrund liegt, kann
man die Bewegungsart auch einfach vormachen, also selbst auf allen
vieren «Fangen» spielen. Das macht bestimmt Spaß, und vielleicht
bringt man sein Söhnchen oder Töchterchen bald dazu, auch zu
krabbeln.

Wie bereits beschrieben, ist es wichtig, daß Kinder allein und ohne
Hilfsmittel gehen lernen – dazu gehört auch, daß sie hinfallen und
wieder aufstehen. Welch ein phantastisches Gelände ist zum Beispiel
lockerer Sand, Schlamm oder mit Zweigen und Blättern bedeckter
Waldboden, um gehen zu üben.

Durch das Nachahmen der Erwachsenen übt das Kind vielerlei
Bewegungen. Es lernt, sich gezielter zu bewegen und seine Bewegungen besser zu koordinieren; es lernt, mit Händen und Fingern immer
feinere und genauere Bewegungen auszuführen. Wirksam sind dabei
vor allem einfache, aber sinnvolle Handlungen, die oft wiederholt
werden, wie Bügeln, Kehren, Gemüseputzen, Sägen und Graben. Es
ist für uns Erwachsene zwar verlockend, mit diesen Arbeiten zu war-
ten, bis die Kinder im Bett sind oder draußen spielen, weil sie sonst
nur im Weg sind und wir dadurch doppelt so lange brauchen. Wir
müssen aber auch bedenken, daß Kinder, die mit den Erwachsenen so
viele Tätigkeiten wie möglich mitvollziehen dürfen, kein «Übungsprogramm» oder besonderes Lernspielzeug brauchen.

Eine andere Möglichkeit für Eltern, sich mit Kindern zusammen
zu bewegen, bieten die Kinderliedchen und Spielchen wie «Scherenschleifen, Scherenschleifen», «Lirum larum Löffelstiel» und «Du
hast 'nen Taler». Aber vielleicht ist es am schönsten, Spielchen und
Sprüchlein selbst auszudenken. Hierbei geht es nicht so sehr um den
Inhalt als vielmehr um Rhythmus und Klang.[50]

Wie wir gesehen haben, ist die Lateralisierung, das heißt die eindeutige Bevorzugung einer Körperseite, eine wichtige Voraussetzung für das Lesen- und Schreibenlernen. In einem Zeitungsartikel
wurden unter der spektakulären Schlagzeile «Linkshänder sterben
früher» neueste Untersuchungen von D. F. Halpern und S. Coren

besprochen, aus denen hervorging, daß die durchschnittliche Lebensdauer von Linkshändern neun Jahre geringer ist als die von Rechtshändern.[51] Eine mögliche Ursache liegt für die Autoren in der Tatsache, daß die Linkshänder sich in einer Welt bewegen, die auf Rechtshänder eingestellt ist. Namentlich beim Autofahren führt dies zu mehr Unfällen. Das allein wäre doch schon Grund genug, um sich als Eltern zu überlegen, ob man die Rechts- oder Linkshändigkeit seines Kindes beeinflussen könnte oder nicht!

Da Kinder im ersten Jahrsiebt überwiegend durch Nachahmung lernen, kann man sicherlich dadurch etwas erreichen, daß man ihnen alles mit der rechten Hand vormacht. Audrey McAllen sieht es als eine Hilfe an, wenn man dem kleinen Kind von Anfang an beim Anziehen immer erst den rechten Ärmel oder das rechte Söckchen überstreift und ihm das Spielzeug oder das Löffelchen immer in die rechte Hand gibt.[52] Aber auch die linke Hand muß sich richtig entwickeln. Kinder, die viel am Daumen lutschen oder ein Tüchlein oder Schmusetier bei sich haben, während sie spielen, benützen manchmal schon von der frühen Kindheit an fast ausschließlich eine Hand, so daß die andere ungenügend betätigt wird. Man sollte versuchen, das Daumenlutschen während des Spiels soviel wie möglich zu begrenzen und es so einzurichten, daß das Schmusetier oder das Tüchlein ein eigenes Plätzchen bekommt. So hat es das Kind zwar in der Nähe, aber doch nicht in der Hand.

Die Frage, ob mit diesen Maßnahmen immer vermieden werden kann, daß ein Kind linkshändig wird oder eine Körperseite ungenügend entwickelt wird, bleibt allerdings offen. Aber der Versuch lohnt sich auf jeden Fall, solange wir keinen Zwang auf das Kind ausüben.

Bis zu seinem achten Lebensjahr liegt bei einem Kind die Handpräferenz noch nicht fest. Auch wenn man den Eindruck hat, daß es schon vor diesem Zeitpunkt ausgesprochen rechts- oder linkshändig ist, kann sich das noch ändern. Deswegen ist es wichtig, daß die Eltern nicht zu früh zu dem Schluß kommen, ihr Kind sei linkshändig. Denn das könnte dazu führen, daß das Kind sich unbewußt dem Bild seiner Eltern anzupassen beginnt, oder auch dazu, daß die Eltern, ebenso unbewußt, die Entwicklung der linken Hand stimulieren und dadurch zu einer späteren Pseudo-Linkshändigkeit beitragen. (Das Umgekehrte könnte natürlich auch auftreten, aber echte Linkshänder gibt es selten.)

71

In den ersten Lebensjahren des Kindes ist es notwendig, daß wir neben seiner motorischen Entwicklung die Entfaltung der Sinne sorgfältig und wach begleiten. Lebenssinn, Gleichgewichtssinn, Bewegungssinn und Tastsinn sind die vier Sinne, die am stärksten mit der eigenen Leiblichkeit verbunden sind. Der Lebenssinn nimmt unsere allgemeine körperliche Verfassung wahr, der Gleichgewichtssinn unsere Position im Raum und der Bewegungssinn unsere Bewegungen und unsere Haltung. Mit dem Tastsinn erfahren wir vor allem unsere eigene Haut. Das kann man beobachten, wenn man mit durchfrorenen Fingern einen Gegenstand anfaßt und dabei das Gefühl hat, als ob Stückchen dieses Gegenstandes fehlten; denn wir spüren den Gegenstand nur dort, wo wir unsere eigene Haut spüren. Im ersten Jahrsiebt bilden diese vier Sinne die Grundlage für die Entwicklung des Kindes.

Bei Kleinkindern ist die Wirkung des *Lebenssinns* viel stärker als bei uns Erwachsenen. Auch wenn wir Kopf- oder Bauchschmerzen haben, können wir unsere Arbeit einfach fortsetzen. Hat ein Kind aber Bauchschmerzen, dann kann es nicht spielen, und es ist auch nicht mehr in der Lage, wirklich Eindrücke aufzunehmen. Deswegen ist es wichtig, daß ein Kind sich immer körperlich im Gleichgewicht befindet. Regelmäßigkeit in der Pflege ist hierbei von wesentlicher Bedeutung. Ob ein Kindchen zuviel oder zuwenig gegessen hat, merkt man deutlich, aber schwieriger ist es herauszubekommen, ob es ihm zu kalt oder zu warm ist.

Die Entwicklung des *Gleichgewichtssinns* und des *Bewegungssinns* hängt unmittelbar zusammen mit der motorischen Entwicklung. Wenn ein Kind gehen lernt, dabei hinfällt und wieder aufsteht und das Bewegen vollauf genießt, werden diese Sinne gänzlich erfahren und geübt.

Die Entwicklung des *Tastsinns* erfordert in unserer Zeit eine ganz besondere Pflege. Das Kind soll nicht nur viele verschiedene Formen, sondern auch verschiedene Materialien tastend erleben können: Holz (sowohl rauhes als auch glattes), Stein, Wolle, Seide und so weiter. Plastik gehört zwar auch zu unserer heutigen Kultur, aber das betasten die Kinder eigentlich schon zur Genüge, wenn sie an verbotenen Sachen wie zum Beispiel dem Telefon herumspielen.

Für die «Nahrung» der Sinne gilt das gleiche wie für die normale Ernährung; angemessen ist pure Kost, kein Eintopf von allem möglichen, Rücksichtnahme auf das, was das Kind schon verdauen kann, abwechslungsreiche Kost, nicht zuviel und nicht zuwenig, aber vor allem nahrhaft und schmackhaft, und von Zeit zu Zeit etwas, was eigentlich ungesund ist, aber doch ganz lecker schmeckt. Das gilt nicht nur für den Tastsinn, sondern ebenso für Hören, Sehen, Riechen und Schmecken.

In unserer Gegenwart besteht für die Sinne, genau wie für die Ernährung, die Gefahr eher im Zuviel als im Zuwenig. Die Programmgestalter für Kindersendungen gehen davon aus, daß Kinder es toll finden (und daß es gut für sie ist), so viele Eindrücke wie möglich gleichzeitig zu bekommen: grelle Farben, Geschrei und Musik, viel Bewegung vor einem in keinerlei Hinsicht ruhigen Hintergrund und vor allem so viele Themen wie möglich in einigen Minuten. Das ist aber nicht das, was Kinder wirklich wollen; beim Vorlesen möchten sie zum Beispiel immer wieder eine bekannte Geschichte hören; sie greifen auch immer wieder nach denselben Spielsachen. «Nochmal» ist bei vielen Kindern eines der ersten Wörter, die sie sagen können, immer wieder aufs neue wollen sie, daß man mit ihnen «Hoppe, hoppe, Reiter» oder «Hänschen klein» spielt. Mit einem oder zwei Vorlesebüchlein, einem Repertoire von drei Liedchen und einigen Spielsachen sind die meisten Kinder über längere Zeit zufrieden.

Will man etwas wirklich sehen, hören, fühlen, schmecken und riechen können, dann darf man möglichst wenig abgelenkt werden. Ein Weinkoster verrichtet seine Arbeit im stillen. Wie wichtig ist diese Ruhe erst für Kinder, die ganz «Sinneswesen» sind und es noch viel schwerer haben als wir, sich gegen bestimmte Eindrücke abzuschließen!

Die Sprachentwicklung ist das dritte Gebiet, auf das wir bei Säuglingen und Kleinkindern unsere Aufmerksamkeit lenken müssen.

Sowohl bei der Entwicklung der Motorik als auch bei der Entwicklung der Sinne erlebt das Kind einen Entwicklungsdrang von innen nach außen, der aber erst durch das Vorbild und durch die in der Umgebung vorhandenen Entwicklungsmöglichkeiten geweckt werden muß. Für die Sprachentwicklung gilt das gleiche. Karl König bemerkt dazu, «daß es ja nicht das Kind ist, welches die Sprache lernt, sondern daß es die Sprache selbst ist, die sich innerhalb des kindlichen Sprachorganismus entfaltet».[53]

Wenn man sich mit diesem komplexen Phänomen der Sprache beschäftigt, dann wird man erkennen müssen, daß man selbst nie imstande sein würde, einem Kind bewußt Sprache beizubringen. Wenn ein Kind einmal gelernt hat, einen Hund mit «Hund» oder «Wauwau» zu benennen, erkennt es in Zukunft jeden Hund von weitem, egal ob es sich um einen Bernhardiner oder einen Pekinesen handelt, obwohl diese beiden Tiere mehr Unterschiede als Ähnlichkeiten aufweisen! Es wird erst richtig kompliziert, wenn das Kind anfängt, in kleinen Sätzen zu sprechen. Der Leser stelle sich vor, er müßte einem dreijährigen Kind alle Grammatikregeln beibringen. Wenn das die Aufgabe der Erwachsenen wäre, würden die Kinder wahrscheinlich nie sprechen lernen!

Anfänglich versteht das Kind viel mehr, als es selbst sagen kann. Die Intonation und der Gesichtsausdruck des Sprechers machen ihm die Bedeutung der Worte klar. Wir brauchen keineswegs die Kindersprache nachzuplappern; das Kind versteht auch Erwachsenensprache, wenn sie sich auf konkrete Dinge bezieht. Zudem ist es wichtig, daß ein Kind die richtigen Worte und die richtige Grammatik um sich herum hört und nicht die ungenaue oder schiefe Sprache, in der es sich vielleicht selbst ausdrückt. Beim Sprechenlernen ist es nicht nur wichtig, «korrektes» Sprechen zu hören, sondern auch «wahres». Man soll also dem Kind gegenüber keine frommen Lügen anwenden, auch dann nicht, wenn man das in der besten Absicht tut. Auch das Anhören nicht zu Ende gesprochener Sätze hat eine negative Wirkung, und zwar nicht nur auf die Sprachentwicklung, sondern sogar auf den ganzen Aufbau des physischen Leibes.[54]

Wenn Eltern ihrem Kind die Möglichkeit geben, das zu ent-wickeln, was es «ein-gewickelt» mitgebracht hat,[55] indem sie für reichliche Bewegungen sorgen, die das Kind nachahmen kann, dann legen sie mit ganz alltäglichen Mitteln die Grundlage für eine gesunde Entwicklung. Daneben werden sie sich darum kümmern müssen, daß das, was als «zuviel» und «zu schnell» in unserer Kultur anwesend ist, vom Kind fernbleibt und die in seiner Umgebung fehlenden Übungsmöglichkeiten durch Liedchen, Spielchen und gemeinsame Aktivitäten ersetzt werden.

Selbstverständlich kann durch all diese Maßnahmen Legasthenie nicht verhindert werden, aber auf jeden Fall wird auf diese Weise eine gesunde Grundlage geschaffen, die das Risiko einer Legasthenie vielleicht verkleinert oder den Stärkegrad, mit dem sie auftritt, verringern kann.

Das Kindergartenkind

Ein vierjähriges Kind hat schon vieles erobert. Es geht flink umher, seine Händchen sind frei, um die Welt kennenzulernen und seine eigene kleine Welt zu schaffen. Es versteht, was um es herum gesagt wird, und es kann sich schon recht gut verständlich machen. Die Grundlage für die Entwicklung der Motorik, der Sinne und der Sprache und damit die Grundlage für das Denken ist gelegt worden. Dieses Denken ist noch hauptsächlich auf Konkretes bezogen, das heißt darauf gerichtet, Verbindungen zwischen den verschiedenen Wahrnehmungen zu schaffen.[56] Für all diese Gebiete hat nun das Kind das Werkzeug in der Hand, mit dem es im Kindergartenalter umgehen lernen muß.

Nicht alle Vierjährigen haben aber, um im Bilde zu bleiben, einen gleich gut gefüllten Werkzeugkasten. Bei Kindern, bei denen sich später herausstellen wird, daß sie legasthenisch sind, fehlt häufig das eine oder das andere. Die Entwicklung kann jedoch nicht aufgehalten werden. Auch dieses Kind wächst heran und arbeitet mit dem, was es sich erobert hat. Es lernt aus dem Tun heraus, vielleicht mit etwas mehr Rückschlägen als andere Kinder, und es kann sich dabei die fehlenden Werkzeuge «spielend» erwerben. Die Entwicklung im ersten Jahrsiebt macht ja ein Ganzes aus, wobei die Nachahmung als wichtigstes Erziehungsmittel im Mittelpunkt steht.

Ein wichtiges, neues Element ist jetzt hinzugetreten, daß nämlich das Kind in den Kindergarten geht. Neben den Eltern wird damit die Kindergärtnerin mitverantwortlich für die Erziehung.[57] Ein Waldorfkindergarten bietet den Kindern reichlich Spielmöglichkeiten. Alles ist dort so eingerichtet, daß sie ihre unerschöpfliche Phantasie und ihren Schaffensdrang ausleben können. Mit Brettern, Kisten, Klötzen, Lappen, einer Puppenecke, Wasser und Sand können sie Tag für Tag ihre eigene kleine Welt aufbauen – allein, vor allem aber mit anderen zusammen.

Dieses Spielen bietet unendlich viele Möglichkeiten, um die Sinne und die Motorik zu entwickeln und zu üben: Die Kinder fühlen die verschiedenen Materialien und machen wacklige Bauten, auf die sie gerne klettern. Tastsinn, Gleichgewichtssinn und Bewegungssinn werden hierbei besonders aktiviert. Kinder, die sich ihrer Bewegungen nicht so sicher sind, werden durch die Begeisterung der anderen mitgerissen. Sie trauen sich zwar nicht in den Mast eines Schiffes, das die Gruppe gebaut hat, wohl aber auf den Bug, der nur zwei Kisten hoch ist. Eine große Überwindung!

Die Kindergärtnerin hat hierbei eine wichtige Aufgabe. Sie führt eine Atmosphäre herbei, in der das Kind sich sicher fühlen kann und keine Angst zu haben braucht, daß es seiner Ungeschicklichkeit wegen ausgelacht wird, und in der ihm Raum gegeben wird, neue Dinge zu erobern. Es ist eine besondere Kunst, darüber zu wachen, daß nicht immer die «großen Jungen» alle Kisten und Bretter für ihre Bauwerke wegschleppen, so daß auch die scheuen und ungeschickten Kinder die Möglichkeit erhalten, mit allen Materialien zu spielen. Manche Kinder versuchen ihre Unbeholfenheit zu verbergen, indem sie nur herumrennen, nur beim Spiel der anderen zuschauen oder eine Arbeit am Tisch machen. Es erfordert viel Feingefühl und Phantasie von der Kindergärtnerin, auch diese Kinder ohne Zwang zu anderen Spielformen zu bewegen.

Es ist meist nicht nötig und auch nicht richtig, daß entwicklungsgestörte Kinder in diesem Alter schon gezielte Übungen bekommen,[58] denn das Spiel und die Umgebung im Kindergarten bieten dem Kind ausreichend Entwicklungsmöglichkeiten. Die Kindergärtnerin wird diese Kinder aber besonders im Auge behalten und ihnen genug Raum verschaffen, damit sie die Spielmöglichkeiten vollauf nützen können und dadurch Sicherheit gewinnen, um ihre Grenzen auszudehnen.

Auch die Kreisspiele im Kindergarten helfen den Kindern in ihrer Entwicklung. Wenn die Kinder springen, auf einem oder zwei Beinen hüpfen, schleichen oder auf Zehenspitzen laufen, werden sowohl die Motorik als auch die Sinne in verschiedenster Weise betätigt. Diese Bewegungsübungen machen sie im Spiel und singen oder sprechen einen Reim dazu, so daß sie nicht nur mit ihrem Körper, sondern auch mit ihrem Gefühl beteiligt sind. Auch die Kinder, die sich äußerlich nicht mitbewegen und nur träumend zuschauen, entwickeln sich an diesen Spielen, denn sie nehmen alles, was sie sehen, in sich auf und bewegen sich innerlich mit.

Die Geschichten, Sprüche und Liedchen aus dem Kindergarten wirken auch auf die Sprachentwicklung. Während des freien Spiels tauchen immer wieder Stückchen aus den Märchen und Liedern auf. Auch im Zusammenspielen entwickeln die Kinder ihre Sprache: Beim Bauen geben sie sich gegenseitig Aufträge, und im Rollenspiel sprechen sie wie Vater, Mutter, König oder Riese. Die Kinder, denen das Sprechen schwerfällt, können durch die Kindergärtnerin zum Sprechen angeregt werden, wenn sie zum Beispiel zum Kaffee in ihre Puppenstube oder in ihre Hütte kommt.

Schließlich gibt es für die älteren Kinder im Kindergarten eine Reihe von Bastelmöglichkeiten und kleine Arbeiten, die die Motorik und die Sinne besonders üben.

Der Kindergärtnerin kommt die schwere Aufgabe zu, eine Umgebung zu schaffen, in denen sich sowohl scheue Vierjährige als auch lärmende, manchmal übermotorische Sechsjährige ganz entfalten können und geeignete Spielformen angeboten bekommen. Die Sechsjährigen müssen im Kindergarten Handarbeiten wie Weben und Fingerhäkeln machen, aber auch Handwerkliches verrichten, etwa Zimmern und Brotbacken, und häusliche Arbeiten wie Abwaschen und Tischdecken. Die meisten Kinder werden freiwillig um eine Handarbeit bitten und gerne eine kleine Aufgabe für die Kindergärtnerin erledigen. Das gilt aber nicht immer für Kinder mit Lernstörungen. Manchmal gehen sie den Situationen aus dem Weg, in denen etwas von ihnen gefordert werden könnte, weil sie (unbewußt) Angst haben, diesen Anforderungen nicht gerecht zu werden. Gerade bei solchen Kindern bedeuten diese kleinen Arbeiten jedoch eine wesentliche Vorbereitung auf die erste Klasse. Deshalb wird die Kindergärtnerin besonders ihnen genaue Aufträge geben müssen und sie dabei begleiten, so daß sie die kleinen Arbeiten zu einem guten Ende bringen.

Es ist von größter Wichtigkeit, daß *alle* Kinder, die es brauchen, noch ein weiteres Jahr im Kindergarten bleiben können, wo ihnen ausreichend Entwicklungsmöglichkeiten geboten werden. Die Kindergärtnerin, die schon ein «Alleskönner» sein muß, wird sich noch ein paar Kniffe einfallen lassen müssen. Vor allem aber benötigt sie Erfahrung und Überblick.

Schulreife

Es wurde schon darauf hingewiesen, daß bei einem Kind Lernstörungen vermieden werden können oder die Legastheniesymptome sich zumindest verringern lassen, wenn es erst dann lesen und schreiben lernt, wenn es schulreif ist. Auch hierbei kommt der Kindergärtnerin eine verantwortungsvolle Aufgabe zu. Sie beurteilt, eventuell zusammen mit dem Schularzt und den Kollegen, ob ein Kind körperlich und seelisch reif genug ist, um eingeschult zu werden. Aus Erfahrungen mit vielen Waldorfklassen hat sich die Einsicht ergeben, daß die meisten Kinder erst mit etwa sechs Jahren und vier Monaten schulreif sind, das heißt, wenn sie in die Schule kommen, sollten sie schon vor dem Monat Mai sechs Jahre alt geworden sein. Auch wenn noch keine wissenschaftlichen Beweise dafür vorliegen, scheint es so zu sein, daß bei den jüngeren Schülern (die also nach dem Monat Mai geboren sind) häufiger Lernprobleme auftreten als bei Kindern, die bei ihrer Einschulung schon etwas älter sind. Eltern sind oft sehr enttäuscht, wenn ihr Kind noch ein Jahr zurückgestellt wird. Aber was bedeutet ein Jahr in einem Menschenleben, wenn man dadurch seinem Kind eine mühsame Schullaufbahn ersparen kann?

Wie merkt man, daß ein Kind schulreif ist? Bei einem schulreifen Kind treten eine Reihe von Veränderungen auf, sowohl in körperlicher Hinsicht als auch im Verhalten gegenüber der Umgebung.[59] Auf körperlichem Gebiet sind diese Veränderungen deutlich wahrnehmbar: Bei einem schulreifen Kind setzt der Zahnwechsel bereits ein. Er fängt damit an, daß die ersten bleibenden Zähne hinter den zwei Backenzähnen des Milchgebisses durchbrechen. Ein anderes körperliches Merkmal der Schulreife ist die Tatsache, daß das Kind mit der Hand über den Kopf hinweg sein anderes Ohr anfassen kann, das heißt, daß seine Arme gegenüber dem Rumpf länger geworden sind. Die runde Kindergestalt, das Bäuchlein, die «Pölsterchen» an den Händen und die verhältnismäßig kurzen Arme und Beine sind beim schulreifen Kind verschwunden.

Eine zweite, wichtige Veränderung tritt im Spiel hervor. Ein Kindergartenkind baut nicht längere Zeit um des Ergebnisses willen, sondern aus der Freude am Bauen selbst. Sobald es mit etwas fertig ist, hat es daran kein Interesse mehr. Ein schulreifes Kind faßt im voraus, allein oder mit anderen zusammen, einen Plan, der dann mit bewundernswerter Ausdauer ausgeführt wird. Wenn die Hütte, das Auto oder das Schiff fertig ist, kann das Kind genau erzählen, was dabei stimmt oder nicht. Es fängt nun an, seine eigenen Schöpfungen mit der Realität und mit den Schöpfungen anderer zu vergleichen. Es verfolgt mit Ehrfurcht, wie Opa ein Schiffchen aus Holz macht, und es sieht ganz deutlich, daß dieses Schiffchen viel echter ist als das, was es selbst aus einem Brettchen gemacht hat. So wächst allmählich die Ehrfurcht vor den Erwachsenen.

Das Erwachen dieser Ehrfurcht ist von großer Bedeutung, denn eine solche Kraft kann die Nachahmung, die inzwischen stark nachgelassen hat, nach und nach ersetzen. In der Unterstufe lernt der Schüler hauptsächlich durch die Ehrfurcht, die er vor dem Erwachsenen empfindet. Diese Ehrfurchtsgefühle können sich jetzt entwickeln, weil das Kind zu unterscheiden lernt zwischen sich selbst und seiner Umgebung.

Nicht nur muß das Kind körperlich schulreif sein, sich in seinem Spiel Ziele setzen können und eine gewisse Ehrfurcht entwickelt haben, es muß nun auch imstande sein, eine kleine Aufgabe zu Ende zu führen, auch wenn es nicht mehr viel Lust dazu verspürt. Zuletzt sollen in seinen Bildern Häuser, Bäume und Menschen deutlich zu erkennen sein. Normalerweise verlaufen die Veränderungen auf körperlichem Gebiet parallel zu der Wandlung im psychischen Bereich: Ein gesundes Kind wird ja in allen Gebieten gleichzeitig schulreif, meistens nach seinem sechsten Geburtstag. Bei manchen lerngestörten Kindern ist dies jedoch nicht der Fall. Ihre Sprachentwicklung oder ihre Motorik sind vielleicht noch etwas zurück. Wenn das Kind in physischer Hinsicht schulreif ist und sich in seinem Spiel und seinem Verhalten bereits wie ein Schulkind benimmt, kann es häufig dennoch eingeschult werden; es wird dann allerdings zusätzliche Hilfe benötigen. Für seine Entwicklung braucht ein legasthenisches Kind in körperlicher wie in seelischer Hinsicht aber oft mehr Zeit. Man kann ihm daher im allgemeinen viel Elend ersparen, und eine Verschlechterung der legasthenischen Symptome kann vermieden werden, wenn es noch ein Jahr länger im Kindergarten bleiben darf.

Wir ersehen daraus, daß es bei lerngestörten Kindern häufig nicht leicht ist festzustellen, ob sie schulreif sind. Verschiedene Menschen sollten sich das Kind sorgfältig anschauen und nicht aufgrund eines einzelnen Phänomens entscheiden, inwieweit das Kind schulreif ist.

Für Kinder mit Lernstörungen gilt noch mehr als für andere, daß man sie im Zweifelsfall am besten noch ein Jahr zurückstellt. Noch immer gehen viele Kinder zu früh in die erste Klasse – mit entsprechenden Folgen für ihr weiteres Schulleben. Nur selten wird ein Kind zu spät eingeschult.[60]

Was können die Eltern für ihr Kind im ersten Jahrsiebt tun?

Wenn ein Kind in den Kindergarten geht, übergeben die Eltern einen Teil der Erziehung der Kindergärtnerin. Sie bemerkt vielleicht aufgrund ihrer Erfahrung bestimmte Dinge bei dem Kind, die den Eltern noch nicht aufgefallen waren. Umgekehrt kennen Eltern ihr Kind am besten und werden deswegen als erste bei ihrem Sohn oder ihrer Tochter eventuelle Veränderungen beobachten. Wenn bestimmte Dinge in der Kindesentwicklung nicht «von allein» ablaufen, ist eine kontinuierliche Rücksprache zwischen der Kindergärtnerin und den Eltern unentbehrlich.

Wie schon erwähnt wurde, brauchen legasthenische Kindergartenkinder keine zusätzlichen therapeutischen Maßnahmen; der Waldorfkindergarten bietet den Kindern ja vielfältige Entwicklungsmöglichkeiten. Spezielle Hilfe könnte dazu führen, daß die Kinder sich zu sehr ihrer Probleme bewußt werden, so daß sie in ihrer Entwicklung blockiert werden. Hinzu kommt, daß gezielte Übungen oft an intellektuelle Fähigkeiten appellieren, wodurch vorzeitig Kräfte in Anspruch genommen werden, die in dieser Phase noch für den Aufbau des physischen Leibes gebraucht werden. Ausnahmen bilden die Heileurythmie und andere medizinisch-therapeutische Hilfen, die, falls notwendig, vom Arzt verschrieben werden können. Selbstverständlich verlangt das entwicklungsgestörte Kind besondere Zuwendung und Interesse von seiten der Eltern und der Kindergärtnerin.

Wenn Eltern allerdings bei ihrem Kind schwere Sprachstörungen oder motorische Probleme feststellen, sollten sie sich an den Hausarzt oder Schularzt mit der Frage wenden, ob schon eine Therapie mit dem Kind gemacht werden müßte (Logopädie oder Physiotherapie). Wenn die Probleme nicht so gravierend sind, ist es besser, die Eltern machen ihr Kind nicht zu früh zum «Problemkind». Im Kindergarten entwickeln die Kinder sich noch so stark, daß viele kleine

Schwierigkeiten von selbst verschwinden. Natürlich gilt das nicht für die ersten Symptome der Legasthenie. Dennoch brauchen legasthenische Kinder in diesem Alter noch keine therapeutischen Maßnahmen, denn im Kindergarten haben sie genügend Gelegenheit, sich auf ihre eigene Weise zu entwickeln. Später werden sie ja noch viel besondere Hilfe benötigen und fortwährend mit ihren Problemen konfrontiert werden. Es ist wunderschön für sie, wenn sie noch unbesorgt diese Kindergartenzeit genießen dürfen.

Eltern können wesentlich dazu beitragen, das Selbstvertrauen ihrer Kinder zu stärken und die Motorik und Sinnestätigkeit anzuregen, indem sie ihnen beibringen, sich richtig anzuziehen, auch Knöpfe, Reißverschlüsse und Schnürsenkel zuzumachen und kleine Arbeiten im Haushalt wie Tischdecken und Abtrocknen zu erledigen. Solche Arbeiten sollten dem Kind allerdings Spaß machen. Wenn das Kind dazu keine Lust hat, sollten die Eltern es ermuntern, diese kleinen Aufgaben auszuführen. Manche Kinder, die motorisch nicht so geschickt sind, also auch viele legasthenische Kinder, lieben es, wenn sie auch noch als Fünfjährige ganz angezogen werden und noch nicht abzutrocknen oder den Tisch zu decken brauchen. Wenn man aber diese Arbeiten mit dem Kind zusammen macht und dafür sorgt, daß es dabei immer selbständiger vorzugehen lernt, stärkt man sein Selbstvertrauen und fördert seine motorische Entwicklung. Schließlich ist es für die Sprachentwicklung wichtig, daß man dem Kind vorliest, mit ihm Reime aufsagt und Liedchen singt.

Die Unterstufe: Klasse eins bis sieben

Schwerpunkte in den verschiedenen Klassen

In der ersten Klasse steht das Lernen der Buchstaben im Mittelpunkt. Erst werden die Buchstaben in einer Geschichte eingeführt und dann in das Heft gemalt. Im Laufe des Schuljahres beginnen die Kinder, die Buchstaben in Gedichten zu erkennen. In der ersten Klasse erlebt das Kind die Welt noch als Einheit. An der Waldorfschule geht der Lehrer deshalb im Unterricht immer von einem Ganzen aus und arbeitet zu den Teilen hin. Zuerst werden die Buchstaben zwar einzeln, aber immer in einem Bild eingeführt, denn jeder Buchstabe wird in einer Geschichte entdeckt. Dann werden diese Buchstaben wieder in einem Sprüchlein oder einer kurzen Geschichte zu einem Ganzen zusammengefügt, und im weiteren Verlauf des Schuljahres lernen die Kinder dann, die einzelnen Buchstaben im größeren Zusammenhang zu erkennen.

Neben dem Buchstabenlernen wird in der ersten Klasse viel Zeit auf Bewegungsspiele und -übungen verwendet, weil dadurch die Motorik, die Sinne, die räumliche Orientierung und die Konzentration geübt werden. Der Klassenlehrer wird dafür sorgen müssen, daß die legasthenischen Kinder von den Übungen optimal profitieren können, denn für sie ist dieser Bewegungsunterricht von größter Bedeutung. Das wird bestimmt keine leichte Aufgabe sein!

Wie bei der ersten Klasse das Buchstabenlernen im Vordergrund steht, liegt in der zweiten Klasse ein Schwerpunkt auf dem Lesenlernen; das bedeutet ein weiteres Hindernis für die lese- und schreibschwachen Kinder. Bis zum Ende der zweiten Klasse werden jedoch außer den legasthenischen Kindern meistens noch einige andere Kinder nicht lesen können; das ist für diese selbst kein Problem, solange der Lehrer oder die Eltern daraus keines machen.

Für die legasthenischen Kinder ist es von großer Wichtigkeit, daß man bewußt anstrebt, daß im zweiten Schuljahr bei ihnen die allgemeinen Voraussetzungen für das Lernen erfüllt sind. Die allgemeinen Übungen für die Entwicklung der Motorik und der Sinne sollten weiter gepflegt werden. Dabei wird der Klassenlehrer in der zweiten Klasse höhere Anforderungen stellen als in der ersten Klasse. Es genügt nicht mehr, daß sich bestimmte Kinder nur verträumt mitbewegen; auch sie müssen die Übungen selbständig ausführen lernen.

Das dritte Schuljahr ist ein wichtiges Jahr für legasthenische Kinder. Jetzt muß mit aller Kraft daran gearbeitet werden, dem Kind Lesen und Schreiben beizubringen, sonst wird der Übergang zur vierten Klasse sehr problematisch oder sogar unmöglich. Viele leseschwache Kinder bekommen deshalb ab der dritten Klasse zusätzliche Hilfe (während oder nach der Schulzeit) von einem Förderlehrer, einem Physiotherapeuten und/oder einem Logopäden. Die (gemeinsamen oder individuellen) Bewegungsübungen in der Klasse müssen unbedingt fortgesetzt werden. Der Lehrer wird jetzt mehr und mehr differenzieren müssen, so daß die legasthenischen Kinder weiterhin mit ihrer Klasse mithalten können, daneben aber auch die Dinge üben, die für sie wichtig sind.

Jetzt, ab der dritten Klasse, da die Grundlage für das Lesen und Schreiben gelegt worden ist, wird der Klassenlehrer sich vermehrt der Rechtschreibung widmen. Bei vielen legasthenischen Kindern wird er schon mit jedem einigermaßen erkennbaren Wörtchen zufrieden sein. Der Übergang zur vierten Klasse wird aber nur möglich sein, wenn das Kind imstande ist, einen einfachen Text zu lesen und ein kurzes Diktat zu schreiben, das es dann zumindest selbst lesen kann.

Selbstverständlich werden auch noch in den nächsten Schuljahren Bewegungsübungen gemacht. Will man aber die Kinder weiterhin motivieren, dann müssen diese Übungen immer schwieriger werden. Daneben gibt es vielerlei Möglichkeiten, sich den Lehrstoff im Tun, also durch Bewegung, anzueignen. Durch das Tun können legasthenische Kinder sich erst richtig mit dem Lehrstoff verbinden. Auch das Formenzeichnen als wichtige Übung für die Wahrnehmung sollte weiterhin auf dem Stundenplan stehen. Ab der vierten Klasse wird der Lehrer sich mehr mit den eigentlichen Lernstörungen und mit den damit verbundenen seelischen Problemen der legasthenischen Kinder beschäftigen. Es kommt vor, daß diese unter Versagensängsten leiden oder mutlos werden. Der Lehrer wird dann versuchen müssen, mit viel Geduld und Takt ihr Selbstgefühl zu stärken und sie zu ermutigen.

Das Erlernen und systematische Üben der Rechtschreibung und der Grammatik macht von der vierten Klasse an einen wichtigen Teil des Sprachunterrichts aus. Legasthenische Kinder werden dabei zusätzliche Erklärung und Übung brauchen. Der Förderlehrer wird diese Aufgabe teilweise übernehmen müssen; aber auch der Klassenlehrer wird den Unterricht so einrichten müssen, daß diese Kinder auf ihrem eigenen Niveau arbeiten können.

In der vierten Klasse wird es der Lehrer geschickt einrichten müssen, daß dem legasthenischen Kind Schwierigkeiten im Lesen, Schreiben und Rechnen so wenig wie nur möglich beim Lernprozeß im Wege stehen. Vor allem beim Führen der Epochenhefte wird das Kind Hilfe benötigen. Weil das lese- und schreibschwache Kind für jede Arbeit mehr Zeit braucht, wird man ihm nicht so viele Aufgaben in der Schule zumuten oder nicht so viele Hausaufgaben geben wie den anderen Schülern. Es geht ja hierbei nicht um die Quantität, sondern um die Qualität seiner Arbeit. Solange das Kind sich – auf seine eigene Weise – mit dem Lehrstoff verbinden kann, wird es sich daran entwickeln können.

Untersuchungen. Was braucht das legasthenische Kind für seine Entwicklung?

Wenn bei einem Kind Legasthenie festgestellt wird, ist für die Eltern und den Lehrer durch diese Erkenntnis noch nichts gewonnen, denn diese Störung tritt in unterschiedlichen Abstufungen und bei jedem legasthenischen Kind wiederum anders auf. Die Eltern wollen wissen, wo genau die Möglichkeiten und Unzulänglichkeiten ihres Kindes liegen, was seine starken und schwachen Seiten sind, aber vor allem erwarten sie eine Antwort auf die Frage: Was braucht *dieses* Kind für seine Entwicklung? Eine endgültige Antwort wird hierauf nicht gegeben werden können, denn bei jedem Schritt in seiner Entwicklung werden die Anforderungen, die das Kind an seine Erzieher stellt, wiederum anders sein.

Die Eltern und der Lehrer haben deshalb das Bedürfnis, daß das Kind von Zeit zu Zeit «objektiv» angeschaut wird. Das ist auch notwendig, denn Eltern und oft auch der Klassenlehrer sind so stark mit dem Kind verbunden, daß sie geneigt sind, alles, was sie an ihm beobachten, als seine Eigenart zu akzeptieren. Dann wird beispielsweise das Urteil gefällt: «Dieses Mädchen war immer schon verträumt; in einem Zimmer voller Menschen schließt sie sich manchmal ganz ab und hört dann nichts mehr!» Das mag sein, aber hört sie auch gut? Eine solche Frage kann oft nur jemand stellen, der neu dazukommt. Selbstverständlich wird nur der Arzt eine Antwort auf diese Frage geben.

Im ersten Kapitel wurde beschrieben, welche Störungen die Eltern und der Lehrer bei einem legasthenischen Kind wahrnehmen können. Um dem Kind beim Überwinden dieser Störungen richtig helfen zu können, wird seine Entwicklung zu bestimmten Zeitpunkten eingehend untersucht werden müssen. Im folgenden werden eine Reihe von Untersuchungen beschrieben, die man bei legasthenischen Kindern durchführen kann.

Hören und Sehen:

Ein Kind kann sich nur richtig entwickeln, wenn es gut hören und sehen kann. Wenn es im Kleinkind- oder Kindergartenalter (eine Zeitlang) nicht gut sieht oder hört, kann das bleibende Folgen für seine Entwicklung haben. Der Arzt wird deshalb schon beim Säugling das Gehör und beim Kleinkind die Augen untersuchen.

Normalerweise werden im Laufe der Unterstufe noch ein- oder zweimal Untersuchungen durch den Schularzt oder das Gesundheitsamt durchgeführt. Das sind aber sehr allgemeine Untersuchungen, bei denen durch einen Hörtest überprüft wird, ob ein Kind bestimmte Geräusche hört, und durch einen Sehtest anhand der wohlbekannten Buchstaben- und Bildertafeln die Sehkraft untersucht wird. Meistens genügen diese Untersuchungen; im Zweifelsfall wird das Kind an einen Facharzt überwiesen.

Es gibt aber Kinder, die zwar leise Geräusche hören, nicht aber bestimmte Tonhöhen. Diese Störungen kann das Buchstabieren und das Lesen erheblich erschweren, weil die Kinder bestimmte Laute nicht hören können. Wenn die Eltern oder der Lehrer meinen, daß bei einem Kind mit dem Gehör etwas nicht stimmt, können sie den Hausarzt um eine Überweisung an einen HNO-Arzt für eine audiologische Untersuchung bitten.

Das gleiche kann beim Sehen auftreten. Bei den normalen Untersuchungen wird Weitsichtigkeit nicht immer erkannt. In seltenen Fällen kommt es vor, daß ein Kind etwas, das weit entfernt ist, deutlich sieht, das Nahe dagegen nicht.

Der Deutlichkeit halber sei hinzugefügt, daß diese Art Ohren- und Augenprobleme an sich nichts mit Legasthenie zu tun haben; sie können ja bei jedem Menschen auftreten. Weil sie aber das Lesen- und Schreibenlernen zusätzlich erschweren können, ist es von größter Wichtigkeit, daß sie frühzeitig erkannt werden.

Abweichungen bei den Augenbewegungen kommen wohl bei legasthenischen Kindern des öfteren vor. Die Bewegungsfolge, bei der die Augen sich auf ein Wort richten, um es zu fixieren, und dann zum nächsten Wort weiterwandern, verläuft bei solchen Kindern nicht gleichmäßig. Die Augenärztin Jansen Stuart entdeckte, daß bei der Mehrheit der von ihr untersuchten legasthenischen Kinder die Sehachsen, bei geschlossenen Augen, nicht parallel waren, daß sie also «schielten». Dieses Phänomen führt sie darauf zurück, daß bei diesen

Kindern die beiden Gleichgewichtsorgane nicht auf die gleiche Weise auf die Augen wirken. Dadurch muß das Kind den Stand der Augen fortwährend korrigieren, was viel Energie kostet. Folglich ermüdet es schneller beim Lesen, und es fällt ihm schwer, die Augen richtig zu fixieren.[61] Ein Augenarzt kann diese Abweichung feststellen und dementsprechende Übungen und eventuell eine Prismabrille verschreiben. Diese Brille wird die Leseschwierigkeiten zwar nicht beheben, aber bei vielen Kindern wird sie das Wahrnehmen der Buchstaben erleichtern.

Neurologische Untersuchung und EEG:
Wenn man bei einem Kind neurologische Probleme vermutet (Abweichungen im Funktionieren des Nervensystems einschließlich des Gehirns), kann der Arzt es an einen (Kinder-)Neurologen überweisen, der dann untersuchen wird, ob das Nervensystem altersgemäß funktioniert und ob Verdacht auf Absencen oder Epilepsie besteht. Bei dieser Untersuchung wird auch ein Elektro-Enzephalogramm gemacht (beim EEG werden Elektroden am Kopf des Kindes angebracht und so die Gehirntätigkeit gemessen; diese Untersuchung ist schmerzlos, und es passiert nichts «Unheimliches» dabei).

Oft ergibt diese Untersuchung bei legasthenischen Kindern wenig Neues. In seltenen Fällen stellt sich heraus, daß die legasthenischen Symptome durch eine nachweisbare Abweichung in der Gehirnfunktion verursacht werden oder daß neben der Legasthenie eine bestimmte Form der Epilepsie vorhanden ist.

Die psychologische und die didaktische Untersuchung:
Wenn die Eltern oder der Lehrer sich ernsthaft um ein Kind sorgen oder nicht wissen, wie sie ihm weiterhelfen können, haben sie die Möglichkeit, ihr Kind in einer Erziehungsberatungsstelle, bei einem niedergelassenen Psychologen oder Kinderpsychiater oder in der kinderpsychiatrischen Sprechstunde einer Klinik zur Untersuchung vorzustellen. In den staatlichen Schulen wird diese Aufgabe zum Teil von speziell ausgebildeten Lehrern und dem schulpsychologischen Dienst wahrgenommen. In manchen Städten gibt es auch private Legastheniker-Institute. Sollen die Kosten für eine Therapie dort übernommen werden, muß in der Regel ein unabhängiger Psychologe oder Arzt die Diagnose bestätigen. Wenn es sich um ein lern-

schwaches Kind handelt, wird man selbstverständlich bei dieser Untersuchung die Information der Schule mit einbeziehen. Je nachdem, um welches Problem es sich handelt, wird diese Untersuchung eine oder mehrere der folgenden Teile umfassen: ein Intelligenz-Test, der die Lernmöglichkeiten prüft, ein diagnostischer Rechtschreibtest und ein Lesetest, die das Lernniveau im Vergleich zu Gleichaltrigen oder Kindern der gleichen Klassenstufe beschreiben und Hinweise auf spezifische Lernschwächen geben, weitere Tests von Lernvoraussetzungen wie Konzentration, Merkfähigkeit usw. sowie eine psychologische Untersuchung, die mögliche seelische Probleme des Kindes und seine Stellung innerhalb der Familie und seines weiteren sozialen Umfeldes betrachtet.

Nach diesen ausführlichen Untersuchungen wird sich herausstellen, ob das Kind legasthenisch ist und auf welchen Gebieten es zusätzliche Hilfe braucht. Wenn aber bei bestimmten Kindern keine Unsicherheiten in der Einschätzung seiner Lernmöglichkeiten bestehen und es auch keine Probleme im emotionalen Bereich hat, dann kann auch ein erfahrener Förderlehrer aufgrund einer didaktischen Untersuchung feststellen, ob eine Legasthenie vorliegt. Das hat den Vorteil, daß anschließend der Förderlehrer selbst die Behandlung durchführen kann, so daß die Untersuchung nahtlos in die Behandlung übergeht.

Diagnostische Mittel des Lehrers

Der Klassenlehrer sollte eigentlich immer wahrnehmen können, was jedes einzelne Kind braucht. Aber in einer Klasse von dreißig Kindern hat man, besonders als unerfahrener Lehrer, alle Hände voll mit dem Lehrstoff zu tun und mit dem, was sich sonst in der Klasse abspielt. Daher ist es gut, daß der Lehrer sich dann und wann Zeit nimmt, sich jedes Kind aus seiner Klasse, eventuell mit Hilfe eines Förderlehrers oder eines anderen Kollegen, einzeln vorzunehmen und zu überprüfen, ob es bestimmte Fertigkeiten schon beherrscht.

Als Hilfsmittel ist in der niederländischen Waldorfschulbewegung die «Zweitklaßuntersuchung» entwickelt worden, die dort von einer steigenden Anzahl Waldorfschulen angewendet wird.[62] Dieser Untersuchung liegt der Gedanke zugrunde, daß siebenjährige Kinder die Grundbedingungen auf dem Gebiet der Bewegung und der Sinnesentwicklung erfüllt haben müssen, um den weiteren Lernprozeß richtig mitvollziehen zu können. Sie besteht aus einer Reihe von Übungen, die mit der ganzen Klasse oder individuell durchgeführt werden und in denen geprüft wird, welche Fähigkeiten die Kinder schon beherrschen und welche noch nicht. Anhand dieser Untersuchung können drei Gruppen unterschieden werden: Kinder mit Lernschwierigkeiten, Spätentwickler sowie Kinder mit begrenzten Lernmöglichkeiten. Bei den zwei letzten Gruppen sind die früher beschriebenen Lernbedingungen zwar bereits vorhanden, aber das Lernen selbst geht nur langsam voran. Zur ersten Gruppe gehören die legasthenischen und anders lerngestörte Kinder, bei denen die Lernschwierigkeiten damit zusammenhängen, daß die Lernbedingungen nicht genügend vorhanden sind, wie sich aus der Untersuchung ergeben wird.[63]

Die Zweitklaßuntersuchung bietet dem Lehrer nicht nur ein Wahrnehmungsinstrument, sondern gleichzeitig Übungsmaterial: Ein Kind zum Beispiel, das noch nicht Seilspringen kann, soll es eben lernen; ein anderes Kind, das Schwierigkeiten mit dem Hören hat, wird auditive Übungen bekommen usw. Die Untersuchung wird meistens ergeben, daß die legasthenischen Kinder mehrere Dinge zusätzlich werden üben müssen. Es wird nicht möglich sein, all diese zusätzlichen Übungen in der Klasse durchzuführen. Deshalb ist es am Ende der zweiten Klasse an der Zeit, daß mit den Kindern, die es brauchen, individuell gearbeitet wird. Bestimmte Dinge wird das Kind zu Hause mit den Eltern üben können. Außerdem kann sich ein Lehrer das Kind ab und zu (vor Schulbeginn oder in einer dafür eingerichteten Zwischenstunde) einzeln vornehmen, oder der Förderlehrer kann mit einem einzigen Kind oder mit einer kleinen Gruppe gezielt an den Lernbedingungen arbeiten.

Am Anfang der dritten Klasse wird es für den Lehrer möglich, bei den legasthenischen Kindern zu untersuchen, wie die Probleme, die sie beim Lesen und Schreiben haben, genau aussehen. Hierzu schaut sich der Lehrer das Kind einzeln an und läßt es einen kurzen Ausschnitt vorlesen und ein kurzes Diktat schreiben. Während das Kind liest, kann der Lehrer folgende Beobachtungen machen:

1. Das Kind liest langsam und buchstabierend, und es fällt ihm sehr schwer, die einzelnen Laute zu einem Wort zusammenzufügen. Dann hat das Kind wahrscheinlich Schwierigkeiten mit der *auditiven Synthese* (dem Zusammenfügen einzelner Laute zu einem Ganzen).
2. Das Kind liest ziemlich schnell und ungenau: Es schaut sich die Worte nicht genau an und gibt vor, etwas zu lesen, von dem es meint, daß es da stehen müßte; ein solches Kind hat vermutlich *visuelle Probleme.*
3. Wenn ein Kind regelmäßig Buchstaben falsch liest (zum Beispiel b statt d und n statt m), liegen Probleme mit dem Wahrnehmen der Form und/oder der Richtung der Buchstaben vor; die *visuelle Diskrimination* ist also gestört.
4. Wenn ein Kind regelmäßig eine Zeile überspringt oder einen Buchstaben in einem Wort liest, der oberhalb, unterhalb oder neben dem Wort vorkommt, das es lesen sollte, dann fällt es diesem Kind wahrscheinlich schwer, die richtigen Augenbewegungen zu machen.
5. Wenn ein Kind beim Lesen die Reihenfolge der Buchstaben in einem Wort ändert, zum Beispiel «Breg» statt «Berg» liest, dann hat es wahrscheinlich Anordnungsprobleme.
6. Ein Kind, das, während es liest, das Buch direkt vor den Augen oder – gerade umgekehrt – extrem weit weg hält, könnte vielleicht kurz- oder weitsichtig sein.

Beim Lesen kann ein Kind also auditive oder visuelle Probleme oder Schwierigkeiten mit der Wahrnehmung der Buchstabenfolge haben. Auch Kombinationen dieser Störungen kommen vor.[64]
    Beim Diktat kann man entsprechende Probleme feststellen. Ein Kind mit visuellen Problemen wird es schwerer als andere Kinder haben, sich ein Bild von einem Wort zu machen: Es wird zum Beispiel d und t, ß, ss und s beim Schreiben verwechseln. Es kann auch sein, daß d, b und p verwechselt werden. Das Kind hört die Unterschiede zwischen den Buchstaben schon, aber es weiß nicht, in welcher Richtung die entsprechenden Buchstaben geschrieben werden. Auch n und m können vertauscht werden.
    Kinder mit auditiven Problemen werden es schwer haben, richtig zu hören, aus welchen Lauten ein Wort aufgebaut ist. Wenn sie ein

Herpst	(Herbst)
wénech	(wenig)
Vil	(viel)
Stück	(Stück)
Heizunk	(Heizung)
Wunda	(Wunder)
Strangke	(Schranke)
Möngich	(möglich)
Wintergartn	(Wintergarten)
Farad	(Fahrrad)
Wald	(Wald)
Klengeln	(klingeln)
Muster	(Muster)
Schimer	(Schimmer)
Jareszeit	(Jahreszeit)

Vorwiegend visuelle Fehler eines legasthenischen Drittkläßlers

hrst	(Herbst)
möhklliesch	(möglich)
Fennter	(Fenster)
schilen	(spielen)
melohm	(Mehlwurm)
Zemel	(Zimbel)
Pelle	(Perle)
Hones	(Honig)
Schuerrer	(schwerer)
hsumk	(Heizung)
Efel	(Äpfel)
Aufohrenn	(aufhören)
Schmmeken	(schmecken)
Sepemer	(September)

Vorwiegend auditive Fehler eines legasthenischen Drittkläßlers

Diktat schreiben, werden sie oft Buchstaben oder sogar ganze Silben auslassen. Sie schreiben zum Beispiel «Lenrad» statt «Lenkrad». Laute wie ä und e können sie nur schwer unterscheiden: So werden sie «Medchen» statt «Mädchen» schreiben. (Wichtig dabei ist, daß der Diktierende die Laute richtig ausspricht.) Auch kann es vorkommen, daß die Kinder zusätzlich die Reihenfolge der Buchstaben verwechseln: Wenn «Park» diktiert wird, schreiben sie zum Beispiel «Prak».

Außerdem gibt es noch alle möglichen Rechtschreibfehler, etwa beim Verdoppeln der Konsonanten und Vokale. Bei legasthenischen Kindern ist es vor allem wichtig zu wissen, ob ihre Probleme hauptsächlich auf auditivem oder visuellem Gebiet liegen (oder auf beiden) und ob sie (zusätzlich) Probleme mit dem Hören und/oder dem Erfassen einer bestimmten Abfolge haben. Wie schon mehrmals betont wurde, müssen diese Grundstörungen erst behoben werden, bevor das Kind sich die Rechtschreibregeln mit Erfolg aneignen kann.

Einem Kind mit visuellen Problemen kann – außer mit allgemeinen Wahrnehmungsübungen und Formenzeichnen – dadurch geholfen werden, daß man es häufig «visuelle» Diktate schreiben läßt.

Demgegenüber kann einem Kind mit auditiven Problemen geholfen werden, indem man zusätzliche Hörübungen mit ihm macht und es auf bestimmte Worte laufen läßt (siehe S. 114). Diese Übung kann auch bei Kindern angewendet werden, die es schwer haben, eine Reihenfolge von Buchstaben richtig zu hören. Kinder, die überhaupt Schwierigkeiten mit dem Erkennen einer Reihenfolge haben, kann man Gegenstände nach Größe, Form oder Farbe ordnen und zum Beispiel Perlen nach einem bestimmten Muster aufreihen lassen (weitere Übungen werden auf den Seiten 96 ff. und 114 ff. beschrieben).

Bisher haben wir dargestellt, wie man durch gezielte Übungen die schwache Seite des Kindes stärken kann. Eine andere Möglichkeit besteht darin, daß man die relativ starke Seite zu Hilfe nimmt, um bestimmte Schwierigkeiten zu umgehen. Ein Kind, das visuell schwach ist, kann vielleicht lernen, auf Wörter gut hinzuhören und auch Wörter auswendig zu lernen, die zum Beispiel entweder mit eu oder äu, mit e oder ä geschrieben werden, und Eselsbrücken zu suchen, um gewisse Schwierigkeiten zu umgehen. Für Kinder mit auditiven Problemen ist es eine Hilfe, wenn sie sich Worte durch das visuelle Bild einprägen, vorausgesetzt, die Kinder haben ein gutes

Gedächtnis, was bei legasthenischen Schülern leider nicht immer der Fall ist. Auf jeden Fall lohnt sich der Versuch herauszubekommen, auf welche Weise ein Kind Wörter am leichtesten schreiben lernen kann.

In der Pädagogik darf die Diagnostik, das heißt das Herausfinden, was einem Kind fehlt, nie Selbstzweck werden. Vielmehr legt sie dem Erzieher die moralische Verpflichtung auf, etwas mit diesen Erkenntnissen zu tun. Allerdings ist dieser Schritt zum Handeln hin nicht immer leicht. «Ich sehe ja, daß das Kind visuelle Probleme hat, aber wo soll man da ansetzen? Auf welche Übungen wird dieses Kind ansprechen?» So wird sich der Lehrer oft fragen. Häufig gibt es bei Kindern neben der Lese- und Schreibschwäche noch viele andere Probleme. Die Möglichkeiten eines Lehrers, während des Unterrichts daran zu arbeiten, sind aber beschränkt.

Wie findet man gute Übungen für ein legasthenisches Kind?

Um für jedes legasthenische Kind die richtige Behandlungsweise zu finden, ist dreierlei erforderlich: Wahrnehmung, Erfahrung und Intuition. Zum Glück stehen der Lehrer und die Eltern mit dieser Aufgabe nicht allein, denn sie brauchen hierbei unbedingt die Hilfe anderer Menschen.

In der ersten Phase, in der Wahrnehmungen gesammelt werden, um herauszubekommen, was bei einem *bestimmten* Kind vorliegt, sollte man dessen Entwicklung im ersten Jahrsiebt anschauen: Wie ist die motorische Entwicklung verlaufen? Welche Schritte wurden übersprungen? Wie hat das Kind Gehen und Sprechen gelernt? Aus diesen Erkenntnissen können sich schon unmittelbar Übungen ergeben. Wie bereits erwähnt, können Phasen, die in der Kindheit übersprungen oder ungenügend durchgemacht worden sind, später noch durch bestimmte Übungen ergänzt werden.

Aber wenn man ein Kind wirklich kennenlernen will, muß man es auf zweierlei Weise anschauen: einmal von außen und einmal von innen heraus. Am besten schlüpft man in die Haut des Kindes und versucht zu erleben, wie es ist, sich zum Beispiel ein Bein zu brechen, wenn man drei Jahre alt ist, oder zum Beispiel alles so «perfekt» machen zu wollen wie die Erwachsenen, die man als Kind um sich hat. Erst dann wird man die Übungen finden, die wirklich zu dem Kind passen. Es kann sein, daß der Lehrer hierbei die Hilfe der Eltern braucht, denn sie kennen das Kind oft am besten «von innen heraus». Umgekehrt brauchen die Eltern den Lehrer oder andere Fachleute, um ihr Kind «von außen», das heißt «objektiv», kennenzulernen: im Vergleich zu den anderen Klassenkameraden und zu dem, was von einem Kind in diesem Alter erwartet werden darf. Auch aus diesen Beobachtungen ergeben sich wertvolle Übungen. Man übt ganz einfach mit dem Kind das, was es eben noch nicht kann, aber eigentlich können sollte. Hierauf beruht die Zweitklaßuntersuchung: Mit den Kindern wird eine Anzahl grundlegender Übungen gemacht, die alle Siebenjährigen beherrschen sollten. Die Dinge, die ein Kind noch nicht beherrscht, können dann direkt als Übung eingesetzt werden.

Eine andere Form der Wahrnehmung «von außen» ist die (ärztliche) Untersuchung: Sind Ohren und Augen in Ordnung? Ein Kind kann nämlich erst richtig sehen lernen, wenn es richtig schauen kann. Erst kommt die Brille, dann kommen die Wahrnehmungsübungen. Entsprechendes gilt auch für die Motorik: Bei einem Kind bestimmen seine physischen Möglichkeiten, aber vor allem seine physischen Unzulänglichkeiten, welche Bewegungsübungen die richtigen sind. Man kann sich hierbei von einem Physiotherapeuten beraten lassen. Auch bei Sprachschwierigkeiten ist es wichtig, daß erst festgestellt wird, ob das physische «Instrument» in Ordnung ist; hierbei kann man einen Logopäden um Rat fragen.

Was für die Wahrnehmung gilt, gilt auch für die Erfahrung: Man ist nicht nur auf seine eigene Erfahrung angewiesen, sondern auch auf Erfahrungen anderer. Um für legasthenische Kinder die richtige Übung zu finden, ist es wichtig, sich mit den Hintergründen dieser Störung und den Fähigkeiten, die bei den Kindern eventuell nicht ausreichend entwickelt sind, zu befassen. Außerdem muß man viele Übungen kennen (oder wissen, wo man sie finden kann), damit man aus einem großen Vorrat schöpfen kann, um für ein Kind die geeignete Übung zu finden.

Das Vorgehen auf diesen ersten zwei Stufen ist noch ziemlich rational. Aus Berichten von Lehrern und Therapeuten geht hervor, daß bei vielen Kindern oft der echte Durchbruch erst gekommen ist, nachdem der Lehrer einen guten «Einfall» hatte. Diese Art Intuition bildet die dritte Komponente. Man arbeitet zum Beispiel schon einige Zeit mit einem Kind, man hat brav alle Übungen gemacht, die für es gut sein sollen, aber der Fortschritt ist äußerst gering, und man weiß nicht, wie es mit der Behandlung weitergehen soll. Eines Morgens erwacht man, und auf einmal ist einem klar: Das Ruder muß herumgeworfen werden – Schluß mit diesen Übungen, wir machen zusammen einen Comic Strip, den wir selbst malen und schreiben. Und tatsächlich, es wird das schönste Comic-Heft, das es jemals gegeben hat, und wenn es fertig ist, kann das Kind lesen. Man denke aber nicht, daß man das bei einem anderen Kind noch einmal anwenden kann! Jeder, der mit Kindern zu tun hat, weiß, wie kostbar diese Einfälle sind Wenn man einen guten Einfall hat, nachdem man das Kind sorgfältig beobachtet und Erfahrungen gesammelt hat, dann kann man sich auf diesen Einfall ruhig verlassen.

Bei legasthenischen Kindern gibt es oft viele Dinge, die sie nicht können, und so viele Gebiete, für die sie zusätzliche Übungen brauchen – wie die der Sprache, der Motorik und der Sinne –, daß der Klassenlehrer nicht imstande ist, das alles in der Klasse aufzugreifen. Der Lehrer wählt aus den individuellen Übungen[65] am besten eine aus, die das Kind schwierig findet, die ihm aber nicht zuwider ist. Man soll sich bei dieser Übung an die goldene Regel halten: Immer da ansetzen, wo das Kind gerade steht. Also anfangs etwas üben, was das Kind schon kann und was zum Beispiel auf sein Temperament abgestimmt ist. Cholerische Kinder lieben eine schwere Übung, um tüchtig daran zu arbeiten. Ein melancholisches Kind dagegen mag kleine, «sanfte» Bewegungen (beispielsweise mit den Fingerspitzen zu klatschen), nicht aber Stampfen, Rennen und Schreien. Für ein phlegmatisches Kind wiederum soll die Übung zunächst viele Wiederholungen enthalten, wobei man allmählich variieren muß, damit das Kind nicht etwa einschläft. Sanguinische Kinder werden jede neue Übung mit Freude begrüßen, aber um ihr Interesse für eine Übung, die sie über längere Zeit ausführen müssen, wachzuhalten, muß diese Übung jeden Tag eine Überraschung bieten (zum Beispiel immer an einem anderen Platz anfangen oder mit einem anderen Gegenstand gemacht werden).

Ein Kind, das unter Versagensängsten leidet, soll mit einer ganz einfachen Übung beginnen, die es sicher kann und die dann nach und nach immer schwieriger werden darf. Bei Kindern, die zu einer hysterischen Konstitution neigen,[66] ist es gut, langsam zu beginnen und dann nach und nach das Tempo zu beschleunigen, so daß sie nicht möglicherweise zurückschrecken. Kinder mit Konzentrationsstörungen können am besten mit einer Übung anfangen, bei der sie nur auf eine Sache achten müssen: entweder nur auf die Beine oder nur auf die Hände; geht das gut, dann kann ein neues Element hinzukommen.

Anfangs werden die meisten Kinder über eine neue Übung nicht sofort begeistert sein, aber nach etwa drei Behandlungsstunden muß sich herausgestellt haben, ob diese Übung die richtige für das Kind ist. Wenn das der Fall ist, dann geschieht auch etwas mit dem Kind, während es die Übung macht: Der Atem verändert sich, der Blick ist nach innen gekehrt oder heftet sich auf einen festen Punkt, das Kind geht auf in dem, was es tut. Während einer solchen Übung befindet es sich für kurze Zeit anders in seinem Leib; sie wirkt positiv auf die Ursachen seiner Legasthenie ein.

Übungen

In der Waldorfschule sitzen die Schüler nicht immer in ihren Bänken. Im Gegenteil, sie lernen mit Armen und Beinen: Sie klatschen das Einmaleins, sie laufen Rhythmen, werfen mit dem Ball beim Rechnen, sie spielen Theater, sie machen eine lebendige Landkarte oder zeichnen Formen in der Luft. Nicht nur erleben sie Freude an der Bewegung und nehmen den Lehrstoff dadurch besser auf, sondern darüber hinaus wirkt dieses Bewegen gleichzeitig auf die Entwicklung der Motorik und der Sinne. Man könnte es auch so ausdrücken: Das Bewegen im Unterricht bewirkt, daß das Kind seinen Körper richtig bewohnen lernt.

Hier treten bei legasthenischen Kindern oft Probleme auf (wie im Kapitel über Legasthenie im Lichte der Anthroposophie beschrieben wurde). Für sie ist das Bewegen im Unterricht noch wichtiger als für andere Kinder; aber häufig sind es gerade diese Kinder, die sich drücken, wenn sich die Klasse in Bewegung setzt. Darum werden wir im folgenden einige Anweisungen geben, die dem Lehrer helfen können, seinen Unterricht so zu gestalten, daß auch legasthenische Kinder optimal von den angebotenen Übungen profitieren können.

Bei allen Übungen soll der ganze Mensch mit einbezogen werden:

Wenn das Kind nur die Finger bewegt, zum Beispiel bei Fingerspielchen, soll der übrige Körper in «aktiver Ruhe» sein, das heißt, das Kind soll dabei fest auf beiden Füßen stehen und nicht nach einer Seite durchhängen; so kann das, was in den Fingerspitzen geschieht, bis in die Zehen hineinströmen.

Wenn ein Kind auf eine Übung begeistert eingeht, macht sein ganzer Körper von selbst mit. Jüngere Schulkinder kann man leicht begeistern, indem man die Übung aus einer kleinen Geschichte, einem Sprüchlein oder einem Lied entstehen läßt. Durch die Wiederholung und den Rhythmus kommt hierbei alles ins Strömen. Ältere Schüler kann man für eine Übung gewinnen, wenn sie eine gewisse Herausforderung in sich trägt: Sie soll richtig schwierig sein, und jeden Tag sollen die Schüler sie etwas besser und schneller machen. Diese Übung kann auch «weitergegeben» oder «im Kanon» gemacht werden, so daß jeder einzelne Beitrag wichtig für das Ganze ist.

Für legasthenische Kinder gilt noch mehr als für andere Kinder: Je mehr Bewegung, desto besser, denn durch die Bewegung spricht man den Willen an, und nur über den Willen kann das Denken geweckt werden.[67] Man könnte zwar mit Übungen zur Motorik, zur Sinnestätigkeit und zur räumlichen Orientierung die ganze Unterrichtszeit ausfüllen, aber in der Schule muß auch gerechnet, geschrieben, erzählt und gemalt werden. Außerdem werden die Kinder durch zu viele Übungen überfüttert; sie werden dadurch ihre Begeisterung verlieren. Die richtige Dosierung ist hierbei also wichtig!

Die Übungen, die gleich nach dem Morgenspruch gemacht werden, dürften eigentlich nicht mehr als fünfzehn Minuten in Anspruch nehmen. Dann wollen die Kinder «richtig» arbeiten. Aber im Laufe des Unterrichts sollte jede Gelegenheit zum Bewegen aufgegriffen werden; die Kinder können sehr wohl zählen lernen oder das Alphabet lernen und dazu Seilhüpfen oder Ballwerfen; beim Rezitieren von Reimen können sie mit den Händen klatschen und im Rhythmus laufen oder auch auf bestimmte Worte oder Laute einen Schritt machen; während der Tierkundeepoche können sie die Laufbewegung der verschiedenen Tiere nachahmen, beim Bruchrechnen einen Kreis von Kindern in Gruppen aufteilen, während der Geographieepoche die verschiedenen Windrichtungen laufen (eine hervorragende Übung für die räumliche Orientierung) und in der sechsten Klasse geometrische Figuren laufen.

Es lassen sich selbstverständlich in diesem Rahmen nicht alle Möglichkeiten auf dem Gebiet der Bewegungsübungen auflisten. Abschließend kann man sagen, daß die Übungen, die ein Lehrer für seine Klasse selbst erfindet, oft am stärksten wirken. Um den legasthenischen Kindern in der Klasse richtig zu helfen, muß man aber wissen, auf welchen Gebieten sie zusätzliche Übungen brauchen und welche Übungen für sie geeignet sind.

Im folgenden werden für die einzelnen Bereiche Beispiele für Übungen gegeben:[68]

Den Körper ergreifen:
Als Grundübungen zum Ergreifen des eigenen Körpers eignen sich allerlei Formen des Gehens: auf Zehenspitzen gehen oder schleichen, auf einem Bein oder in Froschstellung hüpfen usw. Hierzu sagt man den Kindern, daß sie gehen sollen wie ein Zwerg, ein Prinz, ein Riese oder eine Elfe. Kriechen auf allen vieren (wie Schäfchen) gehört genauso dazu wie Springen (in allen Variationen: über ein Seil springen, auf etwas hinauf- oder von etwas herunterspringen usw.). Das Kind kann auch noch auf eine ganz andere Weise, stärker über das Bewußtsein, in seinen Körper kommen: indem es Fingerspielchen macht. Dadurch wird es bis in die Fingerspitzen wach.

Verschiedene Bewegungen kombinieren:
Bei legasthenischen Kindern fällt die Störung am meisten auf, wenn sie verschiedene Bewegungen gleichzeitig ausführen müssen. Weil bei ihnen das Bewegen nicht von selbst geht, muß ihnen das, was sie tun, fortwährend bewußt sein. Wir wissen doch alle, wie schwierig es ist, mit vollem Bewußtsein mehrere Dinge zugleich zu machen (wie zum Beispiel in der Fahrschule). Übungen, bei denen verschiedene Bewegungen kombiniert werden müssen, sind beispielsweise: seilspringen (und dabei natürlich selbst das Seil schwingen); gehen und zugleich einen Ball tippen; klatschen und gleichzeitig springen usw.

Körperorientierung und Rechts-Links-Orientierung:
Nur durch vieles Üben lernen die legasthenischen Kinder, links und rechts am eigenen Körper und in der Umgebung zu unterscheiden. Man kann ihnen dabei helfen, indem man sie auf Gegenstände zeigen läßt und indem man ihnen aufgibt, in eine bestimmte Richtung

zu gehen (zum Beispiel: «Gehe schräg nach rechts vorne» usw.). Übungen wie die, sich mit der rechten Hand an das linke Ohr zu fassen,[69] helfen dem Kind, sich besser im eigenen Körper zu orientieren. Es lernt bei diesen Übungen, bestimmte Körperteile bewußt zu erfahren und zwischen rechts und links zu unterscheiden. Daneben ist es wichtig, daß das Kind lernt, beide Seiten des Körpers stärker aus dem Unbewußten heraus ins Gleichgewicht zu bringen und die Gliedmaßen koordiniert zu bewegen. Hierbei können die Übungen mit Bohnensäckchen, wie sie in den Büchern von M. Nash-Wortham und J. Hunt beschrieben werden, sehr wirksam sein.[70] Man kann diese Übungen durchaus auch mit der ganzen Klasse machen.

Wahrnehmen und Bewegen verbinden:
Auch in dem Bereich Wahrnehmen und Bewegen haben es legasthenische Kinder häufig schwer; das kann sich in Schwierigkeiten beim Abschreiben von der Tafel und in einer schlechten Handschrift äußern. Mit jeder auf ein Ziel gerichteten Bewegung lernen die Kinder, Wahrnehmung und Bewegung zu verbinden: zum Beispiel einen Ball zu fangen und zu werfen, einen Stab auf einen Punkt zu richten (etwa auf einen kleinen Kreis an der Tafel) und sich dann schnell auf diesen hinzubewegen oder verschiedene Punkte mit einer Linie zu verbinden (beim Zeichnen eines großen Sterns an der Tafel oder auf einem Blatt Papier).

Die Zuordnung und die Reihenfolge üben:
Das Ordnen im Raum oder in der Zeit und das Wahrnehmen einer bestimmten Reihenfolge fallen vielen lese- und schreibschwachen Kindern ebenfalls schwer. Auch hierzu kann man sich viele Übungen ausdenken: Spiele wie «Ich gehe auf die Reise und ich nehme mit ...» oder das Nacherzählen von Geschichten und Aufbaureimen wie «Da schickt der Herr den Jockel aus, er soll den Hafer schneiden». Wenn die Kinder die Zahlen kennen, kann man auf mannigfaltige Weise die Reihenfolge üben: Man legt zum Beispiel neun Karten, jede mit einer Ziffer versehen, in einem Viereck auf den Boden; das Kind springt dann nacheinander auf die Zahlen, die genannt werden.[71] Eine andere gute Übung besteht darin, den Kindern eine Reihe von Bewegungen vorzumachen, die sie nachahmen sollen. Eine Übung mit den Beinen könnte so aussehen: springen, spreizen, schließen und kreuzen. Hier

kann man Abwechslung hineinbringen, indem man das Tempo beschleunigt, längere Reihen machen läßt, auch einmal ein Kind die Reihenfolge ausdenken läßt, zu den Bewegungen in die Hände klatscht usw.

Übungen für die Sinne.
Der Bewegungssinn:
Mit unserem Bewegungssinn nehmen wir nicht nur unsere Bewegungen wahr, sondern auch, wo sich unsere Gliedmaßen im Raum befinden. Dieser Sinn wird kräftig angeregt, wenn das Kind Haltungen des Lehrers nachahmen muß. Eine solche Übung ist am wirksamsten, wenn der Lehrer auf einen bestimmten Rhythmus zuerst selbst in eine Körperhaltung springt und dann die Kinder diese Haltung unmittelbar übernehmen läßt. Die Kinder haben hierbei keine Zeit zum Nachdenken, sie lernen die Bewegung also «von innen heraus» wahrzunehmen und nicht von außen, indem sie sich dabei selbst zuschauen. Bei asymmetrischen Haltungen kann es Probleme mit rechts und links geben. Wenn der Lehrer mit dem Gesicht zur Klasse hin zum Beispiel seinen linken Arm ausstreckt, werden viele Kinder in den unteren Klassen ihren rechten Arm ausstrecken! Diese Übung ist aber so gedacht, daß die Haltung des Lehrers exakt nachgeahmt werden muß. Der Lehrer kann sie natürlich auch mit dem Rücken zur Klasse machen, aber dann müßte er eigentlich Augen auf dem Rükken haben! Später kann er die Kinder dazu bringen, die Haltungen spiegelbildlich nachzuahmen, was die Übung natürlich erschwert. Selbstverständlich darf der Lehrer auf keinen Fall zum Beispiel seinen linken Arm ausstrecken und dazu sagen: «Streckt euren rechten Arm aus.»

Eine andere Übung für den Bewegungssinn wird mit Stäben ausgeführt: Die Kinder stehen in einem Kreis, zwischen ihnen ist soviel Raum, daß sie mit ausgebreiteten Armen die Hände des Nachbarn berühren. Jedes Kind hält einen Stab mit beiden Händen senkrecht vor sich. Dann faßt es den Stab nur noch mit rechts, breitet die Arme aus und gibt den Stab dem rechten Nachbarn weiter; zugleich empfängt es in seiner ausgestreckten Linken den Stab des linken Nachbarn. Diese Übung kann sehr gut auf den Rhythmus «kurz-kurzlang» gemacht werden, und zwar so, daß bei der Länge der Stab weitergereicht wird. Zur Einführung kann man diese Übung mit nur einem Stab machen, der im Kreis herumgereicht wird. Sie ist etwa aber der dritten Klasse geeignet.

Der Tastsinn:
Beim Üben des Tastsinns ist es am besten, wenn man das Sehen ausschaltet. Die Kinder können zum Beispiel mit verbundenen Augen stricken und modellieren, Gegenstände durch Betasten erraten oder nach Größe oder Form ordnen. In einer Klasse erlebte ich einmal folgendes Spiel: Im Klassenzimmer stand ein Korb mit verschiedenen Lappen, von jeder Sorte zwei. Ein Kind mußte durch Tasten die Paare suchen, die zusammengehörten. Die Klasse konnte anhand der Farben kontrollieren, ob das Kind es richtig macht.

Der Gleichgewichtssinn:
Für Legastheniker (aber selbstverständlich auch für andere Schüler) ist es wichtig, die Balancefähigkeit nicht nur separat zu üben, indem sie auf einem Balken oder auf einem Seil (das auf dem Boden liegt), balancieren, sondern die Gleichgewichtsübungen zusätzlich mit Balltippen oder Aufsagen eines Reimes komplizierter zu gestalten. Auf eine ganz andere Weise betätigen die Kinder den Gleichgewichtssinn, wenn sie versuchen herauszubekommen, welcher von zwei Gegenständen der schwerere ist. Es ist interessant, den Gleichgewichtssinn auch einmal ohne Hilfe der Augen zu betätigen. Wenn Kinder mit verbundenen Augen herumgehen oder ältere Schüler auf dem Schwebebalken balancieren, spüren sie die Wirkung des Gleichgewichtssinns ganz deutlich. In der fünften Klasse können die Kinder mit einem Stab, der horizontal auf dem Kopf liegt, Hexameter laufen. Hierbei wird nicht nur die Fähigkeit geübt, das Gleichgewicht zu halten, sondern man erreicht durch diese Übung auch, daß die Schüler aufrecht gehen und ihre Bewegungen beim Gehen richtig koordinieren lernen.

Sehen:
Das Sehen hängt stark mit dem Gedächtnis zusammen. Es geht nicht nur darum, daß man gut sieht, sondern auch, daß man *bewußt* hinschauen lernt, so daß man sich nachher an das Gesehene erinnern kann. Eine typische Übung hierfür ist: Ein Kind schließt die Augen und beschreibt, was ein Klassenkamerad anhat. Durch dieses Spiel werden die Kinder angeregt, besser hinzuschauen, denn sie wollen natürlich beim nächsten Mal die richtige Antwort geben. Andere

Möglichkeiten sind: In der Klasse wird etwas geändert, und die Kinder sollen raten, was es ist, oder eine Stecknadel, die «sichtbar» versteckt ist, soll gesucht werden. Diese Spiele machen den Kindern viel Freude und schärfen ihre Wahrnehmung.

Hören:
Das Zuhörenkönnen muß ebenfalls richtig gelernt werden. Musik und Erzählen sind hierbei die wirksamsten Hilfsmittel. Schon im Kindergarten gibt es jeden Tag bestimmte Augenblicke, in denen die Kinder Musik (mit der Leier gespielt) hören oder einer Erzählung lauschen. Von der ersten Klasse an kann dieses Zuhören bewußt geübt werden, indem man die Kinder eine Geschichte nacherzählen läßt. Das exakte Hinhören kann geübt werden, indem der Lehrer von den Kindern verlangt, Unterschiede in der Tonhöhe oder der Tonlänge herauszuhören. Das genaue Hören von Längenunterschieden kann man auch durch Nachklopfen oder Nachklatschen von Rhythmen üben. Wenn man vermeiden will, daß die Kinder dabei das nachmachen, was sie vom Lehrer sehen, statt das zu tun, was sie hören, dann läßt man die Kinder diese Übung mit geschlossenen Augen machen. Die Kinder sollen erkennen können, aus welcher Richtung ein Geräusch kommt. Das Hören von Lautunterschieden in der Sprache muß für sich allein geübt werden, zum Beispiel durch Klatschen auf bestimmte Laute in einem Sprüchlein.

Riechen und Schmecken:
Gewöhnlich wird auf den Geruchsinn und den Geschmacksinn in der Schule nicht geachtet, weil sie auf den ersten Blick wenig mit Lernen zu tun haben. Aber es werden, wie bereits dargestellt, alle Sinne beim Lesen- und Schreibenlernen gebraucht. Die Kinder werden es sicherlich spannend finden, wenn sie mit verbundenen Augen bestimmte Sachen riechen oder kosten dürfen und nachher raten müssen, was es war. Diese beiden Sinne werden ebenfalls angesprochen, wenn der Lehrer «gut gewürzt» und «schmackhaft» erzählt.

Formenzeichnen:
Das Formenzeichnen wirkt therapeutisch auf verschiedene Probleme, mit denen das legasthenische Kind zu kämpfen hat: die Mühe beim spiegelbildlichen Erfassen, das mangelhafte Zusammenwirken von Sehen und Bewegen sowie mögliche Schwächen in der Feinmotorik und in der Konzentration. Weil es sich beim Formenzeichnen

um eine künstlerische Aktivität handelt, wird das Gefühl mit einbezogen, denn es geht hierbei um das Erleben der Form, nicht um das Ergebnis. Deswegen ist es für legasthenische Kinder (aber auch für andere) von großer Bedeutung, daß das Formenzeichnen mehr ist, als nur eine bestimmte Form abzumalen; dem eigentlichen Zeichnen der Form soll ein intensiver Prozeß vorausgehen, bei dem die Form in der Luft gemalt wird, gelaufen und spiegelbildlich gestaltet wird. Dadurch wird Formenzeichnen zum Bewegungsunterricht; die Kinder werden in ihrem ganzen Menschsein angesprochen. Formenzeichnen ist für legasthenische Kinder eine so fundamentale Übung, daß sie es während ihrer ganzen Schulzeit fast täglich machen sollten.

Konzentrationsübungen:
Lese- und schreibschwache Kinder haben oft Konzentrationsstörungen. Viele der beschriebenen Übungen sind zugleich Konzentrationsübungen. Auch alle Übungen, bei denen gezählt, geklatscht und gelaufen wird, regen die Konzentration an. Ein Beispiel: klatschen auf eins, laufen auf zwei und drei; dann laufen auf eins, klatschen auf zwei, laufen auf drei; dann laufen auf eins und zwei, klatschen auf drei; dann wiederum laufen auf eins und drei, klatschen auf zwei; dann wiederum klatschen auf eins, laufen auf zwei und drei usw. Endlose Variationen sind hierbei möglich; man kann die Übung immer schwieriger machen, indem man die Reihe bis zu sieben Zahlen steigert.

Für Erstkläßler könnte eine Konzentrationsübung so aussehen: Sieben Schritte laufen wie ein Riese, sieben Schritte wie ein Zwerg, sieben Schritte wie ein Prinz, sieben Schritte «im Häuschen» (Pause), dann sechs Schritte wie ein Riese, Zwerg und Prinz und Pause, dann fünf Schritte usw.

Bei älteren Kindern erfordert die umgekehrte Reihenfolge einer schon bekannten Klatsch- und Stampfübung viel Konzentration (stampfen, wenn vorher geklatscht wurde, und klatschen, wenn vorher gestampft wurde).

Individuelle Betreuung in der Klasse.
Differenzierung im Unterricht

Im Lehrplan der Waldorfschule schlummern unerkannt viele Übungen, die von wesentlicher Bedeutung für legasthenische Kinder sind. Es ist die Kunst des Lehrers, diese Übungen herauszuholen und es so einzurichten, daß sie sowohl für die Klasse als auch als Therapie für die legasthenischen Kinder wirksam sind. Das ist gar nicht so leicht, denn oft machen gerade die Kinder, die es am meisten brauchen, bei den Übungen in der Klasse nicht mit oder brauchen so viel Zeit für ihre übrige Arbeit, daß sie viel weniger üben als die anderen.

Wenn der Lehrer will, daß die therapeutische Wirkung des Unterrichts wirklich den Kindern zugute kommt, die es am meisten brauchen, dann muß er nach didaktischen Formen suchen, bei denen alles, was die ganze Klasse macht, auch vom einzelnen Schüler ausgeführt werden sollte und umgekehrt. Der Klassenlehrer könnte es so einrichten, daß jeden Morgen zehn bis fünfzehn Minuten der Unterrichtszeit individuellen Übungen gewidmet werden (nicht länger, denn sonst wird es den anderen Schülern langweilig). Während dieser Zeit kommen eine Anzahl Kinder, allein oder in einer kleinen Gruppe, an die Reihe und machen eine Übung, die der Lehrer für sie besonders ausgesucht hat und die prinzipiell von der ganzen Klasse mitgemacht werden kann. Dabei handelt es sich nicht nur um Bewegungsübungen, sondern auch um das Üben der Sinne, des Formenzeichnens, der Sprache und des Gedächtnisses oder der Konzentration.

Am stärksten wirkt es, wenn ein Kind etwa sechs Wochen hintereinander die gleiche Art von Übung mit allerlei Variationen und zunehmendem Schwierigkeitsgrad ausführt. Danach kommen immer wieder andere Kinder an die Reihe. Wenn die Stimmung in der Klasse gut ist, so daß die Schüler einander nicht wegen ihrer Fehler auslachen, werden die meisten Kinder diese individuellen Übungen mit Freude machen. Hierbei ist es wichtig, daß sie merken, daß der Lehrer deutliche Anforderungen an sie stellt: Jeden Tag muß es etwas besser gehen, die Kinder müssen sich wirklich anstrengen. Von der zweiten Klasse an kann der Lehrer den Schülern, die zuschauen, bestimmte Wahrnehmungsaufträge geben. Er sollte keine Beurteilung verlangen, sondern die Mitschüler auffordern zu beobachten, «wie» etwas gemacht wird, zum Beispiel: «Schau mal hin und erzähle mir danach, wie sie ihre Füße hingestellt hat.» Wenn die Kinder älter werden, können diese Wahrnehmungsaufträge natürlich schwieriger werden.

Im weiteren Verlauf des Tages können auf die gleiche individuelle Weise andere Teile des Lehrstoffes geübt werden. Man kann einen lernschwachen Erstkläßler zwischendurch beauftragen, einen bestimmten Buchstaben zu schreiben; später kann das ein Wort mit einer bestimmten Schwierigkeit oder eine Rechenaufgabe sein.

In der Waldorfschule wird jeder neue Lerninhalt zwar der Klasse als Ganzes angeboten, aber bei der Vorbereitung wird der Lehrer auch das Bedürfnis des einzelnen Schülers berücksichtigen. Am deutlichsten tritt das hervor, wenn der Lehrer seinen Unterricht auf die Temperamente abstimmt: Zum Beispiel erzählt er eine Geschichte in solcher Weise, daß sie für jedes Temperament etwas enthält, was dieses besonders anspricht. Beim Kopfrechnen gibt er jedem Kind eine Aufgabe, die am meisten zu ihm paßt; die anderen Kinder rechnen natürlich auch mit, denn diese Aufgaben sind für alle eine gute Übung.

Auf die gleiche Weise kann der Lehrer vorgehen, wenn er die vorbereitenden Übungen für das Lernen im allgemeinen und ebenso die Rechtschreib- und Grammatikregeln einführt. Die ganze Klasse bekommt diesen Unterricht, den aber der Lehrer doch besonders auf die legasthenischen Kinder (und auf andere Schüler, die im Lesen und Schreiben schwach sind) abstimmt. Die übrigen Schüler können diese Wiederholungen bestimmt auch gut gebrauchen.

Man kann *Lerninhalte* nicht nur differenziert an die Kinder heranbringen, sondern man kann damit auch auf unterschiedliche Weise umgehen. Ohne diese spezielle Differenzierung im Unterricht werden die legasthenischen Kinder nicht mehr mit ihrer Klasse mithalten können.

Das Abschreiben von der Tafel bedeutet für bestimmte Legastheniker eine fast unmögliche Aufgabe: Wenn sie nicht lesen können, müssen sie Buchstaben für Buchstaben mühsam abmalen. Weil es ihnen durch ihr schlechtes Kurzzeitgedächtnis schwerfällt, ein Wortbild länger festzuhalten, haben sie das Wort, das sie abschreiben wollten, in der Zeit, in der ihre Augen von der Tafel zum Heft wandern, schon wieder vergessen. Ihre Hefte sehen dadurch schlampig aus, es wimmelt von Fehlern. Immer fehlt etwas, und es gelingt den Kindern selten, in ihr Heft auch noch etwas zu malen. Das Epochenheft verliert dann seine Funktion als selbstgestaltetes Lehrbuch: Wenn die Kinder in ihrem Heft herumblättern, werden sie ständig mit ihrem eigenen Unvermögen konfrontiert, und es besteht sogar die Gefahr, daß sie sich die falsch geschriebenen Buchstaben und Worte einprägen.

Darum ist es von größter Bedeutung, daß gerade auch bei legasthenischen Kindern das Epochenheft schön wird. Hierbei wird der Lehrer helfen müssen. In der ersten Klasse läßt er die Kinder am besten jeden Buchstaben, den sie in ihr Heft schreiben wollen, erst einmal auf einem Stück Papier ausprobieren. Wenn sie dann viele Male über die Buchstabenform gefahren sind, werden sie die Buchstaben viel schöner in ihr Heft eintragen können.

Werden die ersten Sprüchlein geschrieben, wird es für die lese- und schreibschwachen Kinder eine große Hilfe sein, wenn sie zwischen Hilfslinien schreiben können, so daß die Buchstaben gleich groß und einigermaßen aufrecht im Heft erscheinen. Oder der Lehrer kann den Text ganz oder teilweise leicht in ihrem Heft vorschreiben, und die Kinder sollen dann darüberfahren: Fehler bleiben weitgehend aus, und das Kind übt gleichzeitig die richtige Buchstabenform. Von der dritten oder der vierten Klasse an wird es eine große Hilfe für diese Schüler sein, wenn sie einen Text nicht von der Tafel übernehmen müssen, sondern von einem Blatt Papier, das vor ihnen liegt, abschreiben dürfen.

Es ist besser, daß diese Kinder zwar wenig, aber dafür schön, richtig und sauber schreiben. Die Qualität ihrer Arbeit ist wichtiger als die Quantität. Der Lehrer oder ein Mitschüler können das Fehlende ergänzen, so daß ihr Heft doch noch vollständig wird.

Wenn ein legasthenisches Kind weniger macht als seine Klassenkameraden, besteht jedoch die Gefahr, daß es bestimmte Abschnitte des Unterrichts nicht mitbekommt und wichtige Übungen versäumt. Darum muß der Lehrer den Rechen- und Sprachunterricht so gestalten, daß auch die langsamen Schüler an allen Schwierigkeiten, die in den Übungen verborgen sind, Anteil haben. Das zusätzliche Üben werden sie teilweise zu Hause nachholen müssen.

Hausaufgaben bieten für das Kind eine gute Gelegenheit, das zu üben, was es gerade besonders braucht. Für jedes Kind kann das etwas anderes sein. Viele Lehrer haben die Gewohnheit, vom vierten

Schuljahr an regelmäßig wöchentlich eine Rechenaufgabe zu geben, auch wenn die Klasse keine Rechenepoche hat. Das bedeutet gerade für die legasthenischen Schüler eine große Hilfe. Zusätzliche Übungen können sie gut gebrauchen, denn das Rechnen fällt ihnen meistens sehr schwer. Eine solche wöchentliche Rechenaufgabe ermöglicht jedem Kind, die Dinge zu üben, die ihm besondere Mühe bereiten. Das gleiche könnte auch bei der Rechtschreibung angewendet werden. Pro Woche könnte man mit den Kindern eine oder zwei Rechtschreibschwierigkeiten angehen. Das läßt sich nicht so einfach einrichten wie bei einer Rechenaufgabe, denn der Lehrer muß das geeignete Material zur Verfügung haben oder es selbst zusammenstellen. Das Erlernte muß auch noch (individuell) abgefragt werden. Das kann zum Beispiel mittels eines gemeinsamen Diktats geschehen, das alle Schwierigkeiten enthält.

Wenn lese- und schreibschwache Kinder ein Diktat schreiben, brauchen sie viel mehr Zeit als die meisten anderen Kinder: Oft schreiben sie langsamer, sie denken länger über die Wörter nach, und sie brauchen anschließend noch Zeit, um ihre Arbeit zu überprüfen; außerdem werden sie schneller müde und machen dadurch mehr Fehler. Deswegen ist es eine Hilfe für sie, wenn sie nicht alles mitzuschreiben brauchen, sondern zum Beispiel nur jeden zweiten Satz. Das wird die Qualität ihrer Arbeit wesentlich steigern. Beim Überprüfen des Geschriebenen können sie viele Fehler selbst verbessern. Der Lehrer sollte ihnen zeigen, wie sie ein Wort verbessern können, ohne daß es ein einziges Geschmiere wird. Vielleicht hilft es, wenn sie eine Linie Abstand zwischen den Zeilen lassen. Das Kind kann dann das falsche Wort durchstreichen und das richtige darüberschreiben. Manche Lehrer lassen die Kinder fehlerhafte Wörter zwischen Klammern oder Punkte setzen. Der Text sieht dann vielleicht sauberer aus, aber die legasthenischen Kinder werden dadurch verwirrt, denn sie sehen sowohl das richtige als auch das fehlerhafte Wort vor sich.

Korrigiert der Lehrer die Arbeit eines legasthenischen Kindes, sollte er am besten die falsch geschriebenen Wörter mit einem Streifen Papier überkleben und das richtige Wort an die Stelle des fehlerhaften schreiben. Diese Wörter kann der Lehrer unten auf der Seite noch einmal aufschreiben, so daß das Kind sie lernen kann. Wenn ein Lehrer Fehler (mit Rot) unterstreicht, erreicht er das Umgekehrte von dem, was er beabsichtigt: Das Kind wird jetzt erst recht auf diese Fehler aufmerksam gemacht und prägt sich dadurch die falsch geschriebenen Wörter besonders ein.

Bei Aufsätzen und selbstgeschriebenen Geschichten, bei denen es um den Inhalt geht, sollte der Lehrer die Fehler am besten gar nicht korrigieren, sondern den Text ohne Fehler kopieren, so daß das Kind den verbesserten Text in sein Heft eintragen kann.

Auch beim abwechselnden lauten Lesen in der Klasse brauchen die legasthenischen Kinder eine besondere Fürsorge. Viele lese- und schreibschwachen Kinder sind kaum instande, einzeln vorzulesen. Der Lehrer kann ihnen die damit verbundene sehr unangenehme Erfahrung ersparen, indem er sie im voraus einen bestimmten Abschnitt vorbereiten läßt. Dann muß er aber dafür sorgen, daß die betreffenden Schüler am Vortag mitgeteilt bekommen, welchen Abschnitt sie vorbereiten müssen. Es ist eine Kunst, es so einzurichten, daß die Legastheniker beim Lesen nicht nur mitmachen können, sondern daß sie es auch als ein positives Erlebnis erfahren, so daß ihr Selbstvertrauen dadurch gestärkt wird.

Legasthenische Kinder bedürfen auch der Hilfe, wenn sie ein Buch zur eigenen Lektüre aus der Klassen- oder Schulbibliothek auswählen wollen. Das Buch darf nicht zu schwierig, aber auch nicht zu kindlich sein, denn sonst werden sie beim Lesen schnell aufgeben. Jede Schülerbibliothek sollte eigentlich spezielle Bücher für leseschwache Kinder enthalten.[72]

Bei legasthenischen Kindern wird man die Schreibutensilien mit Bedacht wählen müssen. Erst mit acht Jahren ist beim Kind im allgemeinen die Feinmotorik so weit entwickelt, daß es eine Feder richtig handhaben kann.[73] Vor diesem Zeitpunkt sollte das Schreibzeug größer und dicker sein. Die Kinder können in der ersten Klasse mit Wachsstiften schreiben (nicht mit Wachsmalblöcken, denn damit lernt das Kind nicht die richtige Haltung für die Feder oder den Stift – die Malblöcke können beim Malen benützt werden). Die Wachsstifte sollten genügend lang sein; abgebrochene Stifte können mit einem Pappröhrchen verlängert werden. Wenn die Kinder dann kleinere Buchstaben schreiben, kommen meistens Farbstifte an die Reihe. Die meisten Buntstifte sind leider ziemlich «kratzig», so daß die Kinder, weil sie beim Schreiben viel Kraft aufwenden müssen, den Stift krampfhaft zwischen den Fingern halten. Mit einem Bleistift schreibt es sich zwar leichter, aber nicht so schön. Am besten besorgen sich die Kinder dicke, weiche Farbstifte.

In den höheren Klassen ist ein feiner Filzstift oft das einzig Richtige für Schüler mit einer gestörten Feinmotorik; damit schreiben sie leichter als mit einem Füller; der tropft nämlich, wenn sie zu fest aufdrücken. Wird doch ein Füller benutzt, dann sollte er eine Fingerstütze haben, denn damit lernt das Kind den richtigen Fingergriff. Auch über Holzstifte kann man ein spezielles Plastikröhrchen schieben, das als Fingerstütze dienen kann, so daß das Kind die richtige Fingerhaltung lernt.

Für Kinder mit einer gestörten Feinmotorik (dazu gehören die meisten legasthenischen Kinder) ist es besonders wichtig, daß sie Schreibutensilien bekommen, mit denen sie gerne schreiben. Das kann sehr wohl etwas anderes sein als das Schreibzeug, das die übrigen Schüler in der Klasse benützen.

Im ersten Schuljahr wird an der Waldorfschule im allgemeinen nur auf unliniertem Papier geschrieben. Für legasthenische Kinder bedeutet das oft ein großes Problem: Auf dem Blatt wirbeln die Buchstaben und Ziffern nur so durcheinander, so daß sie selber nicht mehr wissen, was sie zuletzt geschrieben haben. Sie brauchen beim Schreiben unbedingt einen breiten Linienabstand und Hilfslinien und beim Rechnen große Karos. Selbstverständlich ist es für sie eine gute Übung, wenn sie dann und wann einmal auf unliniertem Papier schreiben dürfen.

Im täglichen Leben der Klasse werden die Legastheniker durchaus auch noch auf anderen Gebieten besondere Hilfe oder andere methodische Maßnahmen brauchen als die anderen Kinder. Aber nicht nur für sie sind besondere pädagogische Maßnahmen erforderlich. Auch um die ganz schnellen Schüler oder die schwachen Rechner beispielsweise wird der Lehrer sich von Zeit zu Zeit einzeln kümmern müssen.

Es ist nicht leicht, die Kinder ohne Lehrbücher oder Computer auf ihrem eigenen Niveau anzusprechen und ihnen genügend Entwicklungsmöglichkeiten zu bieten, wie es an der Waldorfschule üblich ist. Es erfordert vom Lehrer viel Kreativität und eine gründliche Vorbereitung. Aber wenn es ihm gelingt, den Kindern beizubringen, selbständig zu arbeiten, gibt es auch an der Waldorfschule viele Möglichkeiten, ihnen individuell zu helfen.

Eine verhältnismäßig große Gruppe der legasthenischen Kinder ist linkshändig oder beidhändig.[74] Viele Faktoren sprechen dafür, all diesen Kindern beizubringen, mit der rechten Hand zu schreiben. (Die folgenden Argumente gelten selbstverständlich auch für nichtlegasthenische Kinder, die links- oder beidhändig sind.)

1. Unsere Schrift ist auf die rechte Hand zugeschnitten; ein Linkshänder wird mit dieser Schrift mehr Mühe haben.

2. Schreibt man mit rechts, dann schreibt man von sich weg zur Welt hin; schreibt man dagegen mit links, dann schreibt man zu sich selbst hin. Das Schreiben ist aber eigentlich für die anderen Menschen gedacht.

3. Auch bei den meisten Linkshändern ist wie bei den Rechtshändern das Sprachzentrum in der linken Gehirnhälfte angesiedelt. Wenn ein Kind mit der linken Hand schreibt, bedarf es einer zusätzlichen Gehirnaktivität, um die Führung der Schreibhand (die bei Linkshändern von der rechten Gehirnhälfte aus geschieht) mit den Signalen zu koordinieren, die aus dem links situierten Sprachzentrum kommen.[75]

4. Die Handbevorzugung stabilisiert sich zwischen dem fünften und dem zehnten Lebensjahr; einige Kinder sind beim ersten Schreiben nur dem Anschein nach linkshändig. Es wäre doch schade, wenn diese Kinder mit links schreiben lernten, nur weil diese scheinbare Linkshändigkeit nicht als solche durchschaut wurde.

5. Das Schreiben wird als neue Fähigkeit eingeführt, von «Abgewöhnen» kann also nicht die Rede sein.

6. Es hat sich gezeigt, daß Linkshänder imstande sind, auch mit der rechten Hand feine Bewegungen zu vollführen, genau wie Rechtshänder – etwa beim Geigenspielen – dies mit der linken Hand können. Auch echte Linkshänder können also mit der rechten Hand schreiben lernen.

Wenn man (scheinbar) linkshändige Kinder mit der rechten Hand schreiben läßt, muß man allerdings auf folgendes achten: Es kann sich auf keinen Fall darum handeln, daß man ein Kind *zum Rechtshänder macht*, sondern das alleinige Ziel besteht darin, daß es mit der rechten Hand schreibt. Andere Aktivitäten wie Malen, Zeichnen und

Schneiden kann das Kind weiterhin mit der linken Hand ausüben. Vom ersten Tag an müssen alle Tätigkeiten, die mit dem Schreiben zu tun haben, konsequent mit rechts ausgeführt werden (also auch Formenzeichnen, das als eine Vorbereitung zum Schreiben betrachtet werden kann).

Dabei kann es eine Hilfe sein, wenn der Lehrer dem Kind einen schönen Stein oder eine Muschel in die linke Hand zum Festhalten gibt (nicht zu groß, so daß das Kind auch noch das Blatt Papier festhalten kann). Das Schreiben mit rechts wird aber nur gelingen, wenn die Eltern einverstanden sind und das Kind dabei unterstützen.

Schwieriger wird es sein, ein älteres Kind, das schon einige Zeit mit links schreibt, rechts schreiben zu lassen. Der Erfolg wird von der Motivation und der Ausdauer des Kindes abhängen. Oft werden legasthenische Kinder, die sich sowieso auf allen Gebieten mehr Mühe geben müssen, diese Anstrengung, sich auf das Schreiben mit der rechten Hand umzustellen, nicht aufbringen können. Deswegen wird man individuell entscheiden müssen, ob einem bestimmten Kind diese zusätzliche Belastung zuzumuten ist, oder ob es besser ist, wenn es weiterhin mit links schreibt. Auf jeden Fall muß sowohl mit den Rechtshändern als auch mit den Linkshändern an einer leserlichen Handschrift gearbeitet werden.

Viele legasthenische Kinder haben eine schlechte Handschrift, die das Erlernen der Rechtschreibung erschwert: Sie können selbst kaum lesen, was sie geschrieben haben, und viele Buchstaben sehen ähnlich aus. Oft liegt eine schwerfällige, unausgereifte Feinmotorik zugrunde. Von Anfang an sollte viel Gewicht auf die richtige Gestaltung der Buchstaben gelegt werden. Legasthenische Kinder brauchen oft zusätzliche vorbereitende Schreibübungen, um alle Buchstaben richtig gestalten zu lernen. Diese Übungen, bekannt als «Bandformen», (siehe nächste Seite),[76] werden in der gleichen Weise aufgebaut wie das Formenzeichnen: Zuerst werden die Formen in der Luft und dann auf dem Papier gemalt. Diese «Bandformen» zeichnen die Kinder anfangs groß, dann aber immer kleiner.

Das Kind wird diese Formen regelmäßig gestalten können, wenn es sie aus einer rhythmischen Bewegung heraus hervorbringt. Vielleicht kann ein Liedchen dabei eine Hilfe sein; zunächst werden lese- und schreibschwache Kinder bei diesen Übungen Hilfslinien benötigen.

Der Lehrer sollte auch darauf achten, daß die Kinder eine gute

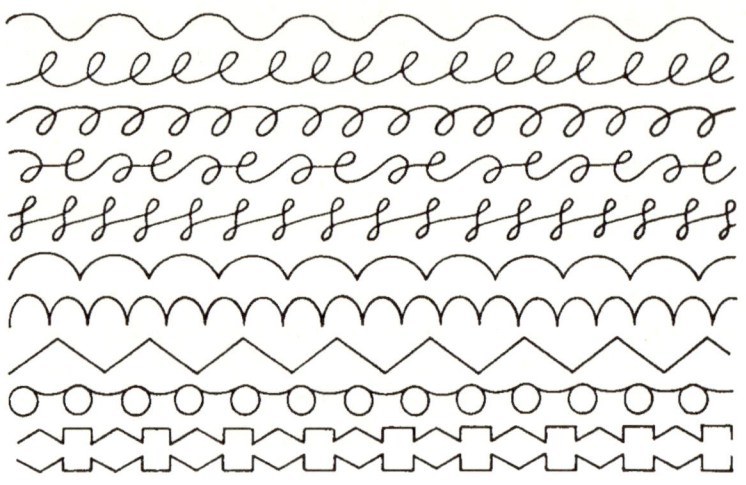

Haltung beim Schreiben haben. Der Stift wird zwischen Daumen, Zeigefinger und Mittelfinger gehalten, wobei der Zeigefinger nicht zu krampfhaft gebogen sein darf. Eine Fingerstütze kann hierbei nützlich sein. Die Kinder sitzen gerade, die Augen etwa 30 cm von dem Blatt Papier entfernt, die Schultern parallel zum Tischrand, während die Füße auf dem Boden ruhen (nicht zu hohe Stühle). Das Blatt Papier oder das Heft liegt in der Mitte vor dem Kind, eventuell rechts oben ein wenig höher als links oben. Das Kind folgt der Federbewegung fortwährend mit den Augen. Eine gute Beleuchtung ist hierbei wichtig: Das Licht sollte von der linken Seite einfallen, so daß das Kind nicht in seinem eigenen Schatten arbeitet. Beim Abschreiben von der Tafel sollte das Kind vor der Tafel sitzen. Diese Angaben sind selbstverständlich für alle Kinder wichtig, aber für legasthenische haben sie besondere Bedeutung.

Ein Erwachsener, der schon einmal versucht hat, seine Handschrift zu ändern, weiß, wieviel Mühe und Ausdauer das kostet. Auch Kinder machen die gleiche Erfahrung. Deswegen ist es von eminenter Bedeutung, daß die Schüler von Anfang an eine gute Handschrift erlernen und daß der Lehrer besonders auf die Sauberkeit beim Schreiben achtet. Später ist eine Verbesserung der Handschrift nur noch möglich, wenn der Lehrer und die Eltern das Kind dazu motivieren können. Das fünfte Schuljahr wäre schon dazu geeignet, sich noch einmal intensiv der Handschrift zu widmen, denn in diesem Alter bekommen die Kinder ein Auge für alles, was schön und harmonisch ist oder nicht. Dennoch wird dieses Unternehmen nur Erfolg haben, wenn das Kind über längere Zeit, täglich zumindest eine Viertelstunde lang, Schreibübungen macht.

Das Lernen von neuen Schriftzeichen ist für alle Kinder eine gute Möglichkeit, sich wieder bewußt mit dem Schreiben zu befassen. Der Lehrplan der Waldorfschule bietet hierzu mehrmals die Gelegenheit, wenn in der vierten Klasse die Runenschrift und die Deutsche Schreibschrift, in der fünften Klasse das griechische Alphabet oder die Kalligraphie eingeführt wird.

Eine Verbesserung nicht nur der Handschrift, sondern auch der Rechtschreibung kann bei legasthenischen Kindern durch das *Schreiben mit den Füßen* erreicht werden. Dabei werden dem Kind die Buchstabenformen und der Platz des Buchstabens in einem Wort buchstäblich bis in die Zehen bewußt. Obwohl diese Übung etwas umständlich ist, kann sie durchaus mit der ganzen Klasse durchgeführt werden. Am besten macht man sie in der warmen Jahreszeit, damit keines der Kinder die Strumpfhose ausziehen muß. Mit den Füßen kann auf unterschiedliche Weise geschrieben werden: Die Schüler können einfach mit einem Bleistift oder einem Wachsstift auf einem Blatt Papier schreiben (und halten sich dabei gegenseitig das Blatt auf dem Boden fest). Es ist aber auch möglich, mit Kreide auf eine kleine Tafel zu schreiben (diese Tafel kann man selbst anfertigen, indem man die Malbretter auf der Rückseite mit spezieller Farbe anstreicht), oder die Buchstaben werden in einem Kasten mit weichem Sand geformt. Als Vorbereitung dazu können die Kinder Gegenstände, beispielsweise Murmeln, mit dem nackten Fuß aufheben.

Schreiben, Lesen und Sprechen

Legasthenische Kinder haben nur den einen Wunsch: lesen und schreiben zu können genau wie alle anderen Kinder.

Wie schon dargestellt wurde, wird an der Waldorfschule auf eine andere Weise Lesen und Schreiben eingeführt als an anderen Schulen.[77]

Die in der Waldorfschule angewandte Methode bietet einerseits gute Möglichkeiten, um legasthenischen Kindern Lesen und Schreiben beizubringen, aber andererseits besteht bei dieser Methode die Gefahr, daß die Probleme der Kinder erst spät erkannt werden und daß mit den legasthenischen Kindern die Rechtschreibregeln nicht intensiv genug geübt werden, und zwar nicht aus dem Grund, weil das Üben der Rechtschreibung vielleicht nicht in den Unterricht der Waldorfschule passen würde, sondern aus Zeitmangel, weil so viele andere Dinge gemacht werden müssen. Auch die Tatsache, daß nicht mit Lehrbüchern, sondern mit selbst angefertigten Heften gearbeitet wird, kann sich für die Legastheniker als Nachteil erweisen.

Der Lehrer soll sich dieser Risiken bewußt sein und ihnen zuvorkommen. (Als Trost kann man sagen, daß an anderen Schulen die meisten legasthenischen Kinder sich die Fähigkeiten des Lesens und Schreibens auch nicht in der Schule, sondern durch Förderunterricht und durch vieles Üben zu Hause erwerben.)

In der ersten Klasse der Waldorfschule werden die Buchstaben auf eine solche Weise eingeführt, daß das Kind sich mit ihnen gefühlsmäßig verbinden kann. Für legasthenische Kinder ist das besonders wichtig, denn kurze Geschichten und Theaterspielchen behalten sie besser als abstrakt dargebotenen Lehrstoff.

Aber das reicht noch nicht aus, damit sie die Buchstaben auch richtig *gestalten* (das heißt schreiben) können. Die Kinder sollen die Buchstaben «bewegen»; sie sollen nicht nur die Buchstabenformen laufen, sondern auch mit ihrer Nase, ihren Schultern, wenn nötig sogar mit dem Hintern in der Luft malen. Hierbei sollen die Augen immer der «Chauffeur» (also führend) sein und das betreffende Körperteil das Fahrzeug. Nur auf diese Weise bekommt das Kind die Buchstabenformen wortwörtlich in den Griff, so daß es sie bis in die Zehenspitzen beherrscht. Ein Kind, und besonders ein legasthenisches, muß die Buchstaben wirklich erleben, sehen, hören, fühlen und «tun» können, bevor es imstande sein wird, das abstrakte Zeichen mit dem entsprechenden Laut zu verbinden, was gerade eines der Hauptprobleme bei legasthenischen Kindern ist. Das «Fühlen» von Buchstaben kann durch Betasten von Buchstabenformen aus Holz oder Brotteig geschehen. Wenn man aus dieser Tastübung ein Ratespiel macht, sind die Kinder leicht zu begeistern. Sich gegenseitig Buchstaben auf den Rücken zu schreiben und diese versuchen zu «lesen» ist ein lustiges Spiel und zugleich eine gute Übung.

Obwohl Erstkläßler meistens ihre eigene Arbeit noch nicht sehr kritisch anschauen, ist es doch wichtig, daß der Lehrer den Kindern mit einer Lese- und Schreibstörung hilft, ihr Heft auch schön zu gestalten.[78] Denn jedesmal, wenn sie in ihr Heft hineinschauen, sehen sie die Buchstabenbilder. Wenn diese Bilder nicht stimmen oder undeutlich sind, wird das Erlernen der Buchstaben dadurch eher gehemmt als gefördert. Es bedarf viel Aufmerksamkeit und Takt vom Lehrer, um eventuell Mißlungenem vorzubeugen. Deswegen üben die Kinder am besten alles, was sie in ihr Heft schreiben werden, zuerst in der Luft; der Lehrer seinerseits sollte versuchen, eine ruhige und konzentrierte Arbeitsstimmung im Klassenzimmer zu schaffen. Bei bestimmten Kindern wird der Lehrer die Buchstaben am besten leicht in ihrem Heft vorschreiben, so daß sie dann nachher über die richtige Form fahren können. Manchmal kann ein Kind auch mit Hilfslinien besser schreiben lernen.

Wenn in der ersten Klasse etwa um Weihnachten alle Buchstaben eingeführt sind, kann noch ein halbes Jahr auf alle möglichen Weisen spielend und übend mit den Buchstaben umgegangen werden. Weil der Erstkläßler die Welt noch als ein Ganzes erlebt, soll beim Üben der Buchstaben von einem Ganzen, das heißt von einem Spruch, ausgegangen werden. Die Kinder lernen darin erst die Zeilen, dann die Worte und zuletzt die einzelnen Buchstaben unterscheiden.

Bei legasthenischen Kindern ist es von Belang, daß sie immer wieder sowohl den Weg vom Laut zum Buchstaben («wo steht ein b im Satz?») als auch den Weg vom Buchstaben zum Laut («wie heißt dieser Buchstabe?») gehen.

Aber das wichtigste ist, daß die Kinder selbst Wörter mit einem bestimmten Laut ausdenken und im weiteren Verlauf des Schuljahres selbst Wörtchen und sogar kleine Geschichtchen schreiben. Für viele legasthenische Kinder wird das zunächst eine unmögliche Aufgabe sein. Wenn sich die Mitschüler Wörter ausdenken, werden die legasthenischen Kinder wahrscheinlich vor allem Zuhörer sein; aber solange sie aktiv in das Klassengeschehen mit einbezogen sind, werden sie trotzdem viel dabei lernen. Wenn sie aus sich selbst heraus etwas aufschreiben müssen, werden sie wahrscheinlich kaum etwas zustande bringen. Dennoch ist der Versuch sinnvoll, denn auf diese Weise werden sie sich der Tatsache bewußt, daß alles, was man sagt, auch aufgeschrieben werden kann. Die gleiche Erfahrung machen sie, wenn ein anderer aufschreibt, was sie sagen, und es nachher vorliest. Das bedeutet für die legasthenischen Kinder eine wichtige Art des Begegnens mit der geschriebenen Sprache. Bei vielen bleibt es in der ersten Klasse bei diesem ersten Kennenlernen, denn die Grundlage, um selbst zu schreiben oder zu lesen, ist noch nicht genügend vorhanden. Deswegen muß in der zweiten Klasse unbedingt intensiv und gezielt an den allgemeinen Voraussetzungen für das Lernen gearbeitet werden. Neben Übungen für die Sinne und die Motorik wird den Lernbedingungen, die speziell mit der gesprochenen und geschriebenen Sprache zu tun haben, Aufmerksamkeit geschenkt werden müssen (sie wurden auf S. 34 ff. besprochen).

Beim Erüben *auditiver Fähigkeiten* ist es wichtig, daß die Kinder hören lernen, aus welchen Lauten ein Wort aufgebaut ist. Hierzu kann man sich zahlreiche Übungen ausdenken, wie zum Beispiel:

1. bei einem bestimmten Laut jedesmal klatschen
2. Wörter mit einem gleichen Laut und Reimwörter suchen
3. die einzelnen Laute im Wort nicht mit ihrem «Buchstabennamen», sondern mit ihrem «Lautnamen» bezeichnen: «h-o-f» statt «ha-o-ef». Hilfreich ist hierbei, wenn die Kinder auf jeden Laut einen Schritt machen. Um den Kindern die richtige Lautfolge beizubringen, kann man sie auffordern, die Laute hin und zurück und noch einmal hin zu laufen, zum Beispiel: h-o-f, f-o-h, h-o-f.

Die Kinder sollen ebenfalls lernen, kleine Lautunterschiede wie zwischen Teig und Teich oder zwischen leiden und leiten zu hören. Gerade Kinder, die selbst undeutlich sprechen, werden damit ihre Schwierigkeiten haben. Das kann folgendermaßen geübt werden: Beim Rezitieren bekommen die Kinder den Auftrag, beispielsweise zu klatschen, wenn sie ein t hören, und zu stampfen, wenn sie ein d hören. Auch kann man die Kinder Wörter suchen lassen, die nach ihrem Laut in eine der beiden Reihen passen, zum Beispiel:

leiden	*leiten*
meiden	streiten
schneiden	reiten
kleiden	gleiten
scheiden	weiten
usw.	

Diese Art von Übungen sollte mit lese- und schreibschwachen Kindern häufig gemacht werden, gemeinsam, aber auch einzeln. Sprachübungen bieten für die Schüler eine gute Gelegenheit, sich die verschiedenen Laute bewußtzumachen, denn wenn sie sprechen, erfahren sie am stärksten den Unterschied beispielsweise zwischen p und b: Es fühlt sich einfach anders an.

Wiederum auf eine andere Weise lernen die Kinder, auf die Laute zu hören, wenn sie kleine Erzählungen aufschreiben. Weil die Zweit-kläßler die Rechtschreibregeln noch nicht beherrschen, werden sie sich nach ihrem Gehör richten und phonetisch schreiben, was gleichzeitig eine gute Übung für die auditive Analyse ist. Ab der dritten Klasse bilden dann das Diktat und kurze Aufsätze die wichtigsten auditiven Sprachübungen.

Bevor die Kinder diese gezielten auditiven Übungen machen, müssen sie natürlich erst gelernt haben, richtig zuzuhören und gut und deutlich zu sprechen. Auf Seite 102 wurden eine Reihe von Übungen für das richtige Zuhörenlernen beschrieben. Diese Übungen können bis zum Ende der siebten Klasse eingesetzt werden.

Die Schüler lernen deutlich sprechen, wenn sie gemeinsam rezitieren, Theater spielen und ihren Zeugnisspruch aufsagen. Bestimmte Kinder werden zusätzlich individuelle Sprachübungen brauchen.[79] Auch das Sprechen wird während der ganzen Schulzeit gepflegt werden müssen.

Ein anderer wesentlicher Aspekt der gesprochenen Sprache ist der Inhalt. Wie schon dargestellt wurde, müssen legasthenische Kinder oft nach Worten suchen; ihr Wortschatz ist gering, der Satzbau ist nicht immer richtig und oft recht kindlich. Auch fällt es manchen schwer, ihre Gedanken in Worte zu fassen oder eine logisch aufgebaute Geschichte zu erzählen. Dieser mehr inhaltliche Aspekt der Sprache wird in erster Linie durch das richtige Beispiel angeregt, das heißt durch den richtigen Sprachgebrauch der Eltern und des Lehrers. Die Kinder sollten möglichst häufig Geschichten nacherzählen, eigene Erlebnisse schildern und, ab der vierten Klasse, kleine Berichte halten.

Die meisten Kinder erzählen gerne in der Klasse. Aber wenn das Erzählte nur ein Aneinanderreihen ist von «und dann … und dann», wird das Kind nicht sonderlich in seiner Sprachentwicklung gefördert, und die Zuhörer ermüden schnell. Deswegen soll der Klassenlehrer schon in der ersten Klasse viel Wert legen auf Form, Aufbau, Inhalt und Deutlichkeit von alledem, was die Kinder in der Klasse erzählen, ohne daß diese Anforderungen wiederum ein unüberwindliches Hindernis für die sprachschwachen Kinder bedeuten.

Auch an den *visuellen Lernbedingungen* für das richtige Schreiben- und Lesenlernen wird von der zweiten Klasse an sehr gezielt gearbeitet werden müssen. Die Kinder lernen die Buchstabenformen wahrnehmen, wenn sie sie über das «Tun» erleben und wenn sie selbst schreiben. Genauigkeit ist hierbei sehr wichtig, denn ein Kind, das zum Beispiel ein m wie ein n schreibt, wird diese Buchstaben auch beim Lesen schwerer auseinanderhalten können. Es wurde in diesem Zusammenhang auf die Wirkung, die vom Epochenheft ausgeht, schon hingewiesen: Das Wortbild, das die Kinder in sich tragen, entsteht zu einem großen Teil durch das, was sie in ihrem eigenen Heft sehen.

Die Kinder erfassen die Buchstabenrichtungen besonders gut, wenn sie beim Formenzeichnen das Spiegelbild einer Form malen. Dadurch lernen sie, zwischen der rechten und linken Seite einer Form zu unterschieden. Die beiden Hälften einer Form sind zwar Spiegelbilder, sie sind aber trotzdem qualitativ verschieden. Diesen Unterschied erfahren die Schüler erst recht, wenn die spiegelbildlichen Formen nicht nur gemalt, sondern auch gelaufen werden, und zwar so, daß zwei oder mehrere Kinder gleichzeitig die sich spiegelnden Hälften einer Form laufen.

Auch durch das visuelle Diktat lernen die Kinder, die Formen der Buchstaben und Worte richtig wahrzunehmen. Damit kann man schon im zweiten Schuljahr anfangen, und zwar folgendermaßen: Die Kinder schauen sich einen (bekannten) Spruch an der Tafel gut an, dann wischt der Lehrer einige Wörter weg, die die Kinder aufschreiben sollen. Später kann der Lehrer nur noch einzelne Wörter aufschreiben, die dann wieder weggewischt werden. Die Kinder brauchen nicht einmal lesen zu können, um diese Wörter aus dem Gedächtnis heraus aufzuschreiben. Auch in den höheren Klassen bleibt dieses visuelle Diktat eine wichtige Übung für die Legastheniker.

Eine andere Übung, um geschriebene Wörter wahrzunehmen und sie sich einzuprägen, ist die folgende: Für einen Augenblick zeigt man dem Kind (auf einem Kärtchen oder in einem Text) ein Wort, und dann soll das Kind «raten», welches Wort es war. Diese Übung ist vor allem bei Kindern wirksam, die aus Unsicherheit langsam, buchstabierend lesen oder denen es schwerfällt, einzelne Buchstaben zu einem Wort zusammenzufügen. Mit ihnen sollte der Lehrer das «Adlerspiel» spielen: Der Lehrer legt dem Kind ein Stück (gedruckten) Text vor; das Kind kreist mit dem Zeigefinger wie ein Adler über dem Text, und wenn der Lehrer sagt: «Jetzt fängt der Adler eine Maus, und die heißt ... (Wort aus dem Text)», dann muß sich der Adler rasend schnell auf dieses Wort stürzen. Manche Kinder, die noch nicht lesen können, werden diese Übung trotzdem mitmachen können.

In dem Buch *Van verhaal tot taal* wird eine gute Übung für das Kombinieren von Hören und Sehen beschrieben, bei der der Körper mit einbezogen wird:[80] Der Lehrer malt auf dem Boden oder auf einem Blatt Papier die folgende Figur und schreibt in jedes Kästchen einen Buchstaben hinein, zum Beispiel:

A	T
R	B

Dann sagt er ein Wort, dessen Buchstaben das Kind durch Springen von einem Kästchen zum anderen «buchstabieren» muß, beispielsweise RAT; aber auch ART, BART, TRAB usw. sind möglich. Später können natürlich noch mehr Buchstabenkästchen dazukommen. Für legasthenische Kinder bedeutet es eine nachhaltige Unterstützung, wenn sie diese Übung während der Zeit, in der sie lesen und schreiben lernen, über mehrere Wochen täglich ausführen.

Hilfe bei der Rechtschreibung und der Grammatik

In der zweiten Klasse lernen die Kinder, ausgehend von Lautübereinstimmungen, neue Wörter; sie lernen die Großschreibung und den Gebrauch des Punktes. Im dritten Schuljahr werden die übrigen Satzzeichen gelernt. Ausgehend von der Schöpfungsgeschichte behandelt der Lehrer die verschiedenen Wortarten. In der vierten Klasse werden die Formen und Zeiten des Verbs gelernt. In der fünften Klasse stehen die passive und aktive Form und die direkte Rede auf dem Lehrplan. Im sechsten Schuljahr lernen die Schüler die Rechtschreibung der Fremdwörter, die indirekte Rede, und sie lernen, anfänglich Haupt- und Nebensätze zu unterscheiden. Schließlich wird in der siebten Klasse die Struktur der zusammengesetzten Sätze behandelt.[81]

Diesem groben Überblick kann man entnehmen, wann bestimmte Rechtschreib- und Grammatikregeln in der Waldorfschule eingeführt werden. In jeder Sprachepoche (und auch sonst) werden diese Regeln natürlich geübt. Soviel aber auch geübt wird, die legasthenischen Kinder werden weiterhin Fehler machen. Meistens werden sie erst in der Pubertät besser schreiben, wenn sie sich die Rechtschreibregeln über das Verstehen und mittels selbsterfundener Eselsbrücken erworben haben. Dennoch ist es wichtig, daß gerade bei ihnen schon in der Unterstufe auf diesem Gebiet eine feste Grundlage geschaffen wird. Neben dem gemeinsamen Rechtschreib- und Grammatikunterricht in der Klasse werden die meisten legasthenischen Kinder individuelle Betreuung nötig haben.

In der Sonderschule und im Förderbereich wird die Rechtschreibung den legasthenischen Kindern oft mit Hilfe von «Strukturübungen» beigebracht.[82] Bei diesen Übungen lernt das Kind neue Wörter immer ausgehend von einem ihm schon bekannten Wortkern kennen. Gewöhnlich fängt man mit Reimwörtern an. Mit dieser Methode können fast alle Rechtschreibschwierigkeiten systematisch behandelt werden. Das Schöne hierbei ist, daß die Kinder selbst Wörter ausdenken dürfen. Hier folgen einige von den durch den Dulk und van Goor entwickelten Übungen, die so abgewandelt sind, daß die Kinder soviel wie möglich selbst tun können. Diese Übungen können ab der dritten Klasse angewandt werden und sind auch sinnvoll für nichtlegasthenische Kinder.

Eine lustige Übung ist das Verlängern von Wörtern: Das Kind nimmt als Ausgangspunkt einen Vokal und stellt immer wieder einen Buchstaben davor oder hängt einen daran, so daß jedesmal ein neues Wort entsteht, zum Beispiel:

ei – eis – reis – reise – reisen – preisen.

Während dieser Übung beschäftigen sich die Kinder bewußt mit der Reihenfolge der Buchstaben im Wort und auch mit der Rechtschreibung. Sie merken, was möglich ist, und was nicht (zum Beispiel kann man vor ein r nur ganz bestimmte Konsonanten stellen).

Bei einer anderen Übung, mit der das Kind die Reihenfolge der Buchstaben lernt, muß es Wörter suchen, die umgekehrt ein anderes Wort bilden, zum Beispiel: rot und Tor, Nebel und Leben usw.

Wenn der Lehrer die Kinder analoge Wortstrukturen suchen läßt, lernen sie besondere Laut- oder Buchstabenkombinationen richtig kennen und Lautunterschiede heraushören. Der Lehrer schreibt hierbei zwei Wörter an die Tafel, zum Beispiel:

Zahl   Ball

Jetzt fordert er die Kinder auf, Wörter zu suchen, die in eine der beiden Reihen passen:

fahl	Stall
kahl	knallen
prahlen	prall
Stahl	fallen
mahlen	Schall
strahlen	lallen

Auch kann der Lehrer die Kinder auffordern, Wörter mit bestimmten Buchstabenkombinationen auszudenken, zum Beispiel: Mast, Mist, Rest usw. Auch der Unterschied zwischen tz und st zum Beispiel kann auf diese Weise geübt werden, indem man Wörter in zwei Reihen unter dem richtigen Beispielwort schreiben muß:

setzen	*lasten*
petzen	rasten
putzen	tasten
Ritze	Fest
Platz	Ast
usw.	

Auch die Doppelvokale (wie au, äu, ei und ie) können in solchen Reihen behandelt werden.

Bei all diesen Übungen lernen die Kinder genau auf die Laute zu hören, so daß sie ihre auditiven Fähigkeiten verfeinern. In der Waldorfschule haben die Kinder beim Abschreiben von der Tafel oft Gelegenheit, ihre visuellen Fähigkeiten zu erüben. Das kann noch durch visuelle Diktate ergänzt werden, wie schon vorher beschrieben wurde.

Neben dem Erüben der auditiven und visuellen Aspekte der Rechtschreibung müssen eine Anzahl von Eigentümlichkeiten beachtet werden, die anhand von Regeln zu lernen sind, zum Beispiel die Großschreibung, das Verdoppeln der Vokale und Konsonanten sowie die Schreibung von -ss und -ß.

Wenn der Lehrer nach jedem Diktat und nach jedem selbstgeschriebenen Text den Kindern aufträgt, die Verbesserung der Wörter unter dem Text noch einmal aufzuschreiben und zu lernen, üben sie ebenfalls die Rechtschreibung. Legasthenische Kinder können natürlich nicht sehr viele Wörter auf einmal lernen. Auch hierbei können «Strukturreihen» eine Unterstützung bieten: Die fehlerhaften Wörter können nach der Art des Fehlers in verschiedenen Reihen aufgelistet werden. Das Kind lernt zunächst nur ein Wort aus jeder Reihe; diese neuen Wörter können dann künftig als Beispielwörter dienen. Am besten sucht man dazu Wörter aus, die es sich leicht merken kann: zum Beispiel eignet sich «Fuchs» hierzu besser als «Wuchs», weil man sich bei «Fuchs» etwas Konkretes vorstellen kann. Das Kind kann sich diese Beispielwörter zur weiteren Unterstützung in ein Heftchen schreiben und dazu jedesmal ein Bild malen. Das wird der Lehrer mit jedem Kind einzeln ausarbeiten müssen. In der Klasse kann es dieses Heftchen beim Diktat- oder beim Aufsatzschreiben benutzen. Wenn das Kind älter wird, kann es selbst Eselsbrücken suchen, um bestimmte Rechtschreibschwierigkeiten zu vermeiden.

Beim Erlernen der Grammatik kann die Sprachanalyse den legasthenischen Kindern Schwierigkeiten bereiten, weil es ihnen schwerfällt, einen geschriebenen Satz in seiner Ganzheit zu überblicken und seine Bedeutung schnell zu erfassen. Wahrscheinlich gelingt es ihnen besser, Sätze mündlich zu analysieren. Selbstverständlich dürfen diese Sätze nicht zu lang sein, weil ihr Kurzzeitgedächtnis oft nicht so gut entwickelt ist.

Der Lehrer, der einen oder mehrere Legastheniker in seiner Klasse hat, steht beim Üben der Rechtschreibung vor besonderen Schwierigkeiten, denn die didaktischen Mittel, die er bei den anderen Kindern erfolgreich anwendet, scheinen bei Legasthenikern gar nicht zu wirken. Immer wieder wird er nach neuen Wegen suchen müssen, um diese Kinder auf dem langen, mühsamen Weg zum korrekten Schreiben einen kleinen Schritt voranzubringen.

Rechnen

Das Rechnen hängt eng mit dem menschlichen Körper zusammen. Die römischen Ziffern kann man als Bilder von Händen und Fingern betrachten. Auch alte Maßeinheiten wie Elle, Daumen und Fuß gehen auf Körpermaße zurück. Wenn man das weiß, kann man auch verstehen, warum ein legasthenisches Kind, das ja seinen Körper nicht richtig bewohnt, oft Mühe mit dem Rechnen hat.

Hinzu kommt noch, daß das Rechnen sich immer wieder der Sprache bedient: Bei Textaufgaben werden die Mengenangaben und die Angaben, was ausgerechnet werden soll, in Worten ausgedrückt, zum Beispiel: «Du hast drei Kastanien, und du verschenkst zwei. Wie viele hast du noch übrig?» Kinder, die Schwierigkeiten mit der gesprochenen Sprache haben, was bei bestimmten legasthenischen Kindern der Fall ist, können nur schwer verstehen, was mit einer solchen Aufgabe gemeint ist.

Rechnen ist Ordnen in Zeit und Raum. Um addieren und subtrahieren zu können, muß man also die Reihenfolge der Zahlen genau kennen. Wie bereits dargestellt, fällt es den legasthenischen Kindern überhaupt schwer, eine Reihenfolge zu behalten. Deswegen werden sie anfangs nur mit viel Mühe rückwärts zählen können. Das Wahrnehmen einer Richtung, das vielen legasthenischen Kindern zu schaffen macht, braucht man auch beim Rechnen: Sie schreiben die Ziffern häufig spiegelbildlich; manchmal können sie die 6 und die 9 und Zeichen wie + und x oder − und = nicht auseinanderhalten. Beim Bruchrechnen vergessen sie, welche Zahl auf dem Bruchstrich und welche darunter steht. All diese Hindernisse werden vor allem das schriftliche Rechnen erschweren. Beim Kopfrechnen dagegen läßt sie ihr Kurzzeitgedächtnis oft im Stich.

Wenn man um diese vielen Schwierigkeiten weiß, kommt es einem manchmal wie ein Wunder vor, daß viele legasthenische Kinder doch noch ziemlich gut, manche sogar wirklich gut rechnen lernen und bei der Geometrie und in anderen Bereichen der Mathematik sogar glänzen. Diese guten Leistungen verdanken sie ihrer Fähigkeit, sich Aufgaben gut vorstellen zu können.

Wenn der Lehrer in der Unterstufe mit legasthenischen Kindern rechnet, sollte er auf folgendes achten: Eine neue Aufgabe läßt er am besten zuerst mit konkreten Materialien lösen. Hierbei brauchen diese Kinder aber Hilfe, um strukturiert und sauber zu arbeiten. Wenn man zum Beispiel beim Bruchrechnen mit Bruchteilen von Kreisflächen aus Karton arbeitet, müssen die Viertel und Drittel ganz genau und nicht nur ungefähr die richtige Größe haben. Auch beim Zählen und später beim Messen von Gegenständen muß sorgfältig vorgegangen werden.

Kinder mit einer Lese- und Schreibstörung müssen so oft wie möglich die Gelegenheit bekommen, eine Aufgabe mündlich zu lösen. Aus der schriftlichen Arbeit eines Kindes kann man nicht immer ersehen, ob es den Lehrstoff verstanden hat. Der Grund für eine schlechte Arbeit könnte darin liegen, daß es zum Beispiel die Aufgabe falsch gelesen hat oder daß es eine andere Antwort aufgeschrieben hat, als es vorhatte. Bei diesen Kindern wird es vor allem darum gehen, ihnen Einsicht in die verschiedenen Rechenoperationen zu vermitteln. Ob letztlich die richtige Antwort herauskommt, ist nicht so entscheidend – obwohl man das natürlich anstreben sollte.

Die Kinder sollen ihre Rechenaufgaben säuberlich und übersichtlich in ihrem Heft niederschreiben. Ein Karoheft (anfangs mit großen, später mit kleineren Karos) ist hierbei unverzichtbar.

Das Lernen des Einmaleins bedeutet für legasthenische Kinder oft ein Problem für sich. Weil sie ein schlechtes Gedächtnis und Probleme mit dem Zuordnen haben, wird das eine nahezu unmögliche Aufgabe für sie sein. Dennoch ist es gut, daß sie das Einmaleins über längere Zeit täglich üben, denn dadurch wird ihr Gedächtnis trainiert; es darf aber nicht zur Obsession werden. Kinder, die das Einmaleins noch nicht kennen, können dennoch bei mehrstelligen Divisionen und beim Bruchrechnen mitmachen. Eine Einmaleins-Tafel kann hierbei hilfreich sein.

Emotionale Probleme

Fast alle legasthenischen Kinder, die ich kenne, arbeiten tüchtig. Oft sind sie sich ihrer Probleme sehr bewußt, und wenn auf die richtige Weise mit ihnen gearbeitet wird, sind sie bereit, sich unglaublich anzustrengen, um dasjenige zu lernen, was sich andere Kinder scheinbar mühelos erwerben. Sie sind für jede Hilfe dankbar. Natürlich haben sie auch einmal genug. Dann reagieren sie, entsprechend ihrem Charakter, mit Tränen, Wut oder Versagensangst, oder sie verlieren den Mut. Wenn sie dann nicht richtig aufgefangen werden, besteht die Gefahr, daß sie von der Schule und von allem, was mit Lernen zu tun hat, genug haben. Empfangen sie aber von seiten der Erwachsenen in ihrer Nähe genügend Unterstützung und Ermutigung, kehrt ihre Kampflust immer wieder zurück, und sie fangen mit frischem Mut von neuem an. Die Hauptaufgabe der Erwachsenen besteht darin, dafür zu sorgen, daß sie trotz der Schwierigkeiten auf dem Gebiet des Lernens ihr Selbstvertrauen nicht verlieren und unbesorgt Kind sein und das Leben genießen können.

Bis zur dritten Klasse kann man das Kind, jedenfalls an der Waldorfschule, bestimmt vor dieser Versagensangst bewahren. Der Lehrstoff wird dort überwiegend auf eine solche Weise eingeführt, daß er von jedem Kind selbst verarbeitet werden kann. Die Kinder in der Klasse bemerken die untereinander bestehenden Unterschiede schon, akzeptieren diese aber meistens als etwas Selbstverständliches. Nach dem dritten Schuljahr ändert sich das. Jetzt beginnen die Kinder, sich selbst und den anderen kritisch wahrzunehmen. Der Unterschied zwischen ihrer eigenen Arbeit und der ihrer Klassenkameraden fällt den legasthenischen Kindern mehr und mehr auf, und Bemerkungen der Mitschüler bleiben ihnen nicht erspart, was ihre Lage noch verschlimmert.

Deswegen braucht das Kind zu Hause und in der Schule viel zusätzliche Unterstützung und Ermunterung. Man soll ihm unbedingt deutlich machen, daß es nicht seine Schuld ist, daß ihm das Lesen und Schreiben noch nicht gelingt oder daß es nicht dumm oder verrückt ist, wie diese Kinder oft allmählich anfangen zu glauben. Es ist wichtig, daß das Kind sieht, was es trotz allem schon kann, wie es bereits vorangekommen ist und wie tüchtig es arbeitet. Auch ist es hilfreich, wenn man dem Kind, sobald es das begreifen kann, erklärt, was bei ihm los ist. Nach und nach muß es lernen, sich nicht mehr mit seinen Altersgenossen zu vergleichen, sondern zu akzeptieren, daß es seinen eigenen Weg geht.

Bei Kindern, die Angst vor dem Versagen haben, ist es wichtig, daß der Lehrer ihnen bei jedem neuen Unterrichtsabschnitt auf die Sprünge hilft und dafür sorgt, daß sie jedesmal mit einer Aufgabe anfangen können, die ihnen bestimmt gelingen wird. Der Lehrer muß den Unterricht, aber auch die Hausaufgaben so gestalten, daß sie immer etwas enthalten, was diese Kinder schön können. Ein legasthenisches Kind sollte sich immer wieder dadurch in der Bewunderung anderer sonnen können, daß es etwas gut kann, was anderen Kindern gerade schwerfällt.

Die Entwicklung eines legasthenischen Kindes scheint stark von der sozialen Position abhängig zu sein, die es in der Klasse einnimmt. Es muß sich nicht nur akzeptiert, sondern auch um seiner selbst willen geschätzt wissen. Hierbei ist die Einstellung des Lehrers von ausschlaggebender Bedeutung. Er kann den Kindern beibringen, einander nicht wegen bestimmter Unzulänglichkeiten abzuweisen. Wenn doch eine ungute Stimmung zu entstehen droht, kann er eine Geschichte erzählen, in der er dasjenige, was sich in der Klasse abspielt, in Bilder faßt, die auf die Kinder unmittelbar einwirken. Auf keinen Fall darf dabei auf eine Verbindung zwischen der Geschichte und der Situation in der Klasse angespielt werden, denn sonst würde das abgewiesene Kind sich todunglücklich fühlen.

Neben Versagensängsten können bei legasthenischen Kindern auch Gefühle der Verzweiflung entstehen («Ich werde es nie lernen!»); oder sie bekommen eine Wut auf «diese blöden Wörter», die nie richtig und sauber in ihrem Heft erscheinen wollen. Um das Kind in solchen kritischen Momenten richtig auffangen zu können, muß es unbedingt eine gute Zusammenarbeit zwischen Lehrern und Eltern geben.

Was können die Eltern tun?

Legasthenie ist nicht ausschließlich eine Lernstörung, es ist darüber hinaus ein Problem, das die ganze Entwicklung des Kindes betrifft. Deswegen muß das legasthenische Kind auch zu Hause besondere Zuwendung und Unterstützung bekommen. Die Eltern sollen sich aber nicht an erster Stelle mit den Problemen und mit dem, was das Kind noch *nicht* kann, beschäftigen (wie das unvermeidbar in der Schule der Fall ist), sondern sie werden vielmehr die Bereiche, in denen es keine Probleme hat, stärken und sein Selbstvertrauen steigern wollen. Zu Hause sollte das Kind sich geborgen fühlen und für kurze Zeit das «Elend» der Schule vergessen können; dort kann es seine Problem verarbeiten und Kräfte sammeln für den folgenden Schultag.

Legasthenische Kinder haben für alles, was in der Schule stattfindet, viel zusätzliche Energie nötig. Auch auf emotionalem Gebiet gibt es für sie vieles zu verkraften, denn es ist nicht leicht, fast täglich zu erleben, daß sie, obwohl sie zehnmal so viel arbeiten und sich viel mehr anstrengen als die anderen, doch zehnmal so viele Fehler machen und daß ihr Heft, auch mit großer Anstrengung, nie so schön aussieht wie das der anderen Kinder. Um die Ruhe herzustellen, die das Kind zu Hause unbedingt nach einem vollen Programm – Hausaufgaben, täglichem Üben, Förderunterricht und anderen Therapien – braucht, ist ein regelmäßiger Tagesablauf absolut notwendig.

Wenn das Kind aus der Schule kommt, wird es sich eine Weile ausruhen wollen und gemütlich auf dem Sofa eine Tasse Tee trinken, oder es will erst eine Runde Fahrrad fahren oder eine Weile ruhig in seinem Zimmer spielen. Es ist wichtig, daß es während dieser Zeit ein wenig zu sich kommt und die Gelegenheit hat, von der Schule zu erzählen. Nicht alle Kinder können oder wollen, wenn sie nach Hause kommen, gleich über die Schule berichten. Die Eltern können dann beispielsweise vor dem Schlafengehen eine Viertelstunde Zeit einräumen, um mit dem Kind zusammen auf den Tag zurückzublicken. Vor dem Abendessen kann das Kind, je nach seinem Alter, noch eine halbe oder Dreiviertelstunde und, falls notwendig, nach dem Essen nochmals eine halbe Stunde sich seinen Hausaufgaben und eventuell seinen Übungen widmen, aber nicht kurz vor dem Schlafengehen.

Meistens wird das Kind bei den Hausaufgaben und den Übungen die Hilfe eines Erwachsenen brauchen. In einer Familie mit mehreren Kindern wird diese Betreuung nicht leicht zu verwirklichen sein, aber man muß bedenken, daß ein legasthenisches Kind es schwer genug hat und diese zusätzliche Zuwendung schon verdient. Einer der beiden Elternteile wird dazu jeden Tag Zeit einplanen müssen. In der einen Familie wird es die Mutter sein, die vielleicht mehr Geduld beim Erklären aufbringen kann, in einer anderen Familie der Vater. Dabei spielt durchaus eine Rolle, wen das Kind bevorzugt.

Falls keiner von den Eltern die Möglichkeit sieht, dem Kind diese intensive Betreuung zu geben, sollte jemand anderes diese Aufgabe übernehmen: Das kann eine Nachbarin, der Vater oder die Mutter eines Kameraden, die Oma oder ein pensionierter Lehrer sein. Das wichtigste ist, daß das Kind diese Person mag und daß sie unendlich viel Geduld hat. Es ist eine besondere Kunst, diese Übstunden nicht zum Machtkampf und zu einer zusätzlichen Belastung für das Kind werden zu lassen. Es soll möglichst ein gemütliches, unterhaltsames Stündchen werden.

Was können die Eltern (oder der Erwachsene, der mit dem Kind arbeitet) tun, um dem Kind zu helfen? Meistens wird diese Hilfe darin bestehen, daß man ihm bei den Hausaufgaben (beim Lernen, Korrigieren und Abhören) und bei den Übungen hilft, die der Klassenlehrer, der Förderlehrer oder ein anderer Therapeut (Logopäde, Optologe oder Physiotherapeut) aufgegeben hat. Wenn die Eltern aber versuchen, Lerninhalte wie die Buchstaben, die Rechtschreibung, die Grammatik oder das Rechnen auf eigene Faust mit dem Kind zu üben, wird daraus meistens nichts, denn oft erklären sie die Dinge gerade etwas anders als der Lehrer und bringen dadurch das Kind nur in Verwirrung. Wenn die Eltern meinen, daß ihr Kind zusätzliche Übungen in einem bestimmten Bereich braucht, dann wenden sie sich am besten an den Klassen- oder Förderlehrer.

Nur das Lesenlernen stellt eine Ausnahme dar. Einem legasthenischen Kind das Lesen beizubringen erfordert so viel Zeit und Geduld, daß das Üben in der Schule und auch im Förderunterricht nicht ausreicht. Die Eltern können helfen, diesen Lernprozeß in Gang zu setzen, indem sie vorlesen, dem Kind Interesse für Bücher vermitteln, mit ihm in die Bibliothek gehen und ihm zeigen, daß es in Büchern danach suchen kann, wenn es etwas wissen will.

Wenn man mit dem Kind zusammen lesen will, muß man darauf bedacht sein, es nicht zu überfüttern. Man beginne mit zehn Minuten pro Tag; es kann allmählich gesteigert werden, sollte aber keinesfalls länger als eine halbe Stunde dauern. Man suche dazu ein Buch aus, das dem Kind gefällt und sich seiner Erlebniswelt und seinem Leseniveau anpaßt (nicht zu schwierig). Bestimmte Bücherserien sind speziell für leseschwache Kinder geschrieben: Sie haben eine deutliche Drucktype, die Sprache ist einfach, und die Geschichten sind dennoch überhaupt nicht «kindlich».

Wenn man mit einem Kind lesen lernt, muß man mit der Geschichte schon vorankommen, sonst verliert es leicht das Interesse. Es hat sich bewährt, zunächst einen Abschnitt selbst vorzulesen, während das Kind im stillen mitliest, und es dann denselben Abschnitt nochmals laut lesen zu lassen. Der Erwachsene und das Kind können natürlich auch abwechselnd einen Abschnitt lesen. Wenn das Kind aber mit Widerwillen liest, ist es besser, die Leseübung einige Wochen auszusetzen und später wieder aufzugreifen.

Bei vielen legasthenischen Kindern wird es Jahre dauern, vielleicht die ganze Unterstufe hindurch, bis sie selbständig Bücher lesen. Die meisten werden nie zum Vergnügen lesen. Das Lesen ist aber für Kinder von wesentlicher Bedeutung, um ihren Wortschatz zu erweitern, ihr Sprachgefühl zu entwickeln und die Rechtschreibung zu verbessern. Die Eltern werden das Kind weiter unterstützen müssen und regelmäßig erzählen lassen, was es gelesen hat. Sie können das Buch, das ihr Kind gerade liest, eventuell selbst lesen, so daß sie ihm weiterhelfen können, falls es den Faden verliert.

Die Eltern können es im täglichen Leben immer wieder so einrichten, daß die Kinder (vor allem die jüngeren) die Motorik, die Sinne oder die Konzentration üben. Wenn ein Kind noch nicht gut «in seinen Beinen drin ist», können sie es zum Beispiel auf nackten Füßen durch weichen Sand gehen lassen. Seine Wahrnehmungsfähigkeit können sie anregen, indem sie es in der Natur auf bestimmte Pflanzen und Insekten aufmerksam machen. Sogar an einer Brennessel oder einem Löwenzahn gibt es viel zu beobachten!

Für unruhige oder unkonzentrierte Kinder sollte man im Tagesablauf bestimmte Ruhephasen einrichten, während derer sie sich ganz auf eine Sache konzentrieren. Natürlich muß das eine Tätigkeit sein, die ihnen Spaß macht: zum Beispiel Plätzchen backen, mit Bauklötzen eine Stadt bauen oder ein Bild malen.

Tischdecken, Abtrocknen, Helfen im Garten oder bei Reparaturarbeiten im Haus stärken das Selbstvertrauen und bedeuten zugleich eine gute Übung für die Motorik und die Wahrnehmung.

Viele Spiele, wie zum Beispiel Memory, sind gute Gedächtnis-, Konzentrations- oder Wahrnehmungsübungen. Man soll sie aber nur mit dem Kind machen, wenn es sie gerne macht und wenn es nicht immer verliert.

Der wesentlichste Punkt ist aber, daß die Eltern für alles, was mit dem Kind geschieht, verantwortlich bleiben. Lehrer und Therapeuten kommen und gehen, die Betreuung der Eltern ist jedoch bei all diesen Therapien und Hilfeleistungen der rote Faden. Sie behalten den Überblick: Was ist schon alles mit dem Kind gemacht worden? Was hat gewirkt, was nicht? Welche Probleme wurden noch nie angepackt usw.? Diese Informationen sind von wesentlicher Bedeutung für jeden, der mit dem Kind arbeiten will, sonst müßte jeder Hilfeleistende von vorne anfangen, ohne auf frühere Erfahrungen aufbauen zu können. Manchmal fällt es den Eltern schwer, alle wichtigen Daten zu behalten, vor allem die Namen und Adressen von allen, die mit dem Kind gearbeitet haben, und in welchem Zeitraum die Hilfe geleistet wurde. Am besten ist es, wenn sich die Eltern diese Daten aufschreiben und sich dazu eine kurze Notiz über die Veränderungen machen, die sie bei ihrem Kind während oder kurz nach der Behandlung wahrgenommen haben. Das gleiche gilt für die Daten und Ergebnisse von Tests und Untersuchungen; eventuelle Berichte darüber sollten dazugelegt werden.

Wie in der Einleitung zu diesem Kapitel schon betont wurde, können die Eltern am besten wahrnehmen, wie es ihrem Kind geht und ob es in der Schule oder woanders die richtige Behandlung bekommt. Wenn die Eltern nach einigen Wochen Behandlung noch keine Veränderung bemerken oder es ihnen auffällt, daß das Kind mit Widerwillen zu irgendeiner Therapie oder angespannt zurückkommt, sollten sie ohne Zögern mit der entsprechenden Person Kontakt aufnehmen. Solche Informationen der Eltern sind für jeden unverzichtbar, der erfolgreich mit dem Kind arbeiten will.

Oft häufen sich bei legasthenischen Kindern die Termine: Sie müssen zum Förderunterricht, zum Hausarzt, zum Augenarzt, eigentlich sollten sie auch noch Sport treiben und ein Musikinstrument spielen. Das alles zugleich ist sicher des Guten zuviel. Die Eltern sollten darüber wachen, daß das Kind kein überfülltes Programm hat. Eine Therapie außerhalb der Schule und noch eine Aktivität in seiner Freizeit ist oft das Maximum, das ein legasthenisches Kind etwa bis zum zwölften Lebensjahr verkraften kann. Außerdem muß all das für die Eltern auch finanziell machbar sein, denn Therapien kosten Geld, und nur ein Teil der Kosten wird von den Krankenkassen erstattet. Es ist auch nicht richtig, zu viele Ärzte aufsuchen zu wollen, denn dadurch kann das Kind das Gefühl bekommen, daß mit ihm nichts mehr stimmt. Für ein Kind ist es unzumutbar, wenn es zum Beispiel zur gleichen Zeit eine Brille und eine Zahnspange bekommt und womöglich noch bei einem Ohrenarzt in Behandlung ist. Die Eltern sollten Prioritäten setzen und die Reihenfolge der verschiedenen Eingriffe und Behandlungen bestimmen. Der Hausarzt kann ihnen dabei behilflich sein.

Wenn in unserer Zeit mit einem Kind «etwas» nicht stimmt, gerät es schon bald in die Hände von Fachpersonal verschiedenster Prägung, die testen, untersuchen und beraten. Auf deren Anraten besucht das Kind weitere Fachleute und Therapeuten, die alle auf ihre eigene Weise dem Kind helfen wollen: Der eine verschreibt Tabletten, der andere eine Brille, ein dritter massiert es, ein vierter spricht mit ihm, ein fünfter malt mit ihm und so weiter und so fort. Die Eltern verlieren schon bald den Überblick: Die Fachsprache, die sie oft anhören müssen, verstehen sie schon gar nicht; ihnen wird empfohlen, sich an allerlei Fachleute mit komplizierten Namen zu wenden, von denen sie gar nicht wissen, was sie machen, geschweige denn, ob all das helfen wird.

Die Eltern müssen immer wieder entscheiden, wer was und wie mit ihrem Kind unternimmt. Deswegen wird hier ein Überblick über diejenigen Therapien gegeben, die in «Waldorfkreisen» empfohlen werden. (Die verschiedenen Untersuchungen und Tests sind auf Seite 84 ff. beschrieben worden.) Welche Therapie am wirksamsten ist, welche Behandlung anschlägt und welche nicht, ist bei jedem Kind verschieden. Mitentscheidend ist hierbei, ob es zwischen dem Kind und dem Therapeuten «klappt» und ob die Eltern ihm Vertrauen entgegenbringen können. Das Kind ist so stark mit den Eltern verbunden, daß es ganz genau spürt, wenn die Eltern kein Vertrauen zu dem Therapeuten haben (auch wenn es nicht ausgesprochen wird); dadurch wird die Therapie in den meisten Fällen nicht optimal wirken.

Förderunterricht:
Legasthenische Kinder sollten für längere oder kürzere Zeit Förderunterricht bekommen. Auch an vielen deutschen Waldorfschulen gibt es bereits einen solchen Unterricht. Oft liegt es aber an der schwierigen finanziellen Situation, wenn noch kein Förderunterricht angeboten werden kann. Das englische Wort für Förderunterricht, «remedial teaching», heißt übersetzt: heilend unterrichten. Der Förderlehrer arbeitet mit dem Kind (einzeln oder in einer kleinen Gruppe) an den Lernbedingungen und liest, schreibt und rechnet mit ihm. Er erteilt keinen Nachhilfeunterricht, in dem üblicher-

weise alles wiederholt wird, was bereits in der Schule durchgenommen wurde. Wenn man einem legasthenischen Kind das Lesen und Schreiben beibringen will, muß man auf eine andere Weise vorgehen als bei anderen Kindern. Deswegen soll der Förderlehrer für die Arbeit mit legasthenischen Kindern ausgebildet sein, und er sollte möglichst schon einige Erfahrung auf diesem speziellen Gebiet haben.

An manchen Waldorfschulen wird zwar Förderunterricht erteilt, aber der Förderlehrer hat nicht genügend Zeit zur Verfügung, um die lange, intensive Betreuung eines legasthenischen Kindes ganz auf sich zu nehmen. Deswegen wird es in einzelnen Fällen ratsam sein, daß die Eltern einen Förderlehrer außerhalb der Schule suchen. Es ist wichtig, daß dieser Förderlehrer die Waldorfschule einigermaßen kennt oder sich bereit erklärt, sie kennenzulernen, denn ein recht guter Kontakt zwischen dem Lehrer und dem Förderlehrer ist notwendig, wenn die beiden ihre Behandlungsweisen aufeinander abstimmen wollen oder zumindest dafür sorgen wollen, daß sie nicht einander entgegenwirken. Die Arbeit eines Förderlehrers kann erst optimal wirken, wenn sowohl die Eltern als auch der Lehrer regelmäßig Kontakt mit ihm haben und auf seine Behandlung vertrauen. Umgekehrt muß der Förderlehrer der Betreuung, die der Klassenlehrer und die Waldorfschule bieten, Vertrauen entgegenbringen. Wenn es auf diesem Gebiet fundamentale Unterschiede gibt, wird das Kind diese deutlich wahrnehmen und darunter leiden oder die Erwachsenen gegeneinander ausspielen.

Manche Förderlehrer arbeiten hauptsächlich an den Sprach- und Rechenfähigkeiten des Kindes, andere setzen bei der Bewegung als Voraussetzung für die Lese- und Schreibfähigkeit an. Letztere Methoden, die auch motorisches «remedial teaching» genannt wird, schließt am engsten an die in der Waldorfschule angewandte Behandlungsweise an. Natürlich werden Bewegungsübungen allein nicht ausreichen, um einem legasthenischen Kind Lesen und Schreiben beizubringen. Umgekehrt aber hat es keinen Sinn, nur die Rückstände in der Sprache und im Rechnen aufzuarbeiten, wenn an den tieferliegenden Ursachen, die den Rückständen zugrunde liegen, nicht gearbeitet wird. Erfahrungsgemäß wirkt eine Vorgehensweise am besten, die in sich gut strukturiert und auf das Kind individuell abgestimmt ist und bei der Übungen für Motorik und Wahrnehmung mit Lese-, Schreib- und Rechenübungen abwechseln. Das wichtigste aber ist die Person des Förderlehrers selbst. Ein Kind, das mit Versagensängsten kämpft, braucht einen Förderlehrer, der eine wohltuende Atmosphäre schaffen kann und ihm Selbstvertrauen vermittelt. Ein unkonzentriertes oder etwas chaotisches Kind braucht einen strengeren Zugriff mit deutlich vorgegebenen Anforderungen und gut strukturiertem Vorgehen.

Im allgemeinen hat ein Kind eine Stunde pro Woche Förderunterricht. (Wenn er innerhalb der Schule erteilt wird, findet er oft sogar mehrmals pro Woche oder epochenweise statt). Daneben bekommt es Übungen, an denen es täglich einige Zeit arbeiten muß. Im allgemeinen wird dieser Förderunterricht nur Erfolg haben, wenn er über längere Zeit (mindestens ein Jahr) erteilt wird und das Kind zusätzlich zu Hause täglich übt.

Sensomotorisches Training:
Die Sensomotorik ist das Zusammenspiel zwischen Bewegen und Wahrnehmen. Sensomotorisches Training packt die Probleme der legasthenischen Kinder an der Wurzel an. Hierbei werden Übungen gemacht, um das Zusammenwirken von Bewegungen mit dem Tast-, dem Gleichgewichts-, dem Gesichts- und Gehörsinn anzuregen. Für diese Therapie ist ein Physiotherapeut zuständig. Natürlich wird hierdurch die Legasthenie nicht behoben (wie auch durch die übrigen Therapien nicht), aber bei einer großen Anzahl von Kindern scheint nach einem sensomotorischen Training die Hilfe beim Lesen und Schreiben besser anzuschlagen.

Logopädie:
Logopäden leisten Hilfe bei Sprachstörungen. Es gibt Logopäden, die sich auf die Arbeit mit legasthenischen Kindern spezialisiert haben. Ihre Arbeit besteht vor allem darin, daß sie das Kind Laute aussprechen lassen und Lauten in einem Wort nachlauschen lassen. Diese Behandlungsweise bietet sich insbesondere für Kinder mit auditiven Problemen an.

Therapien, die aus der Anthroposophie heraus entwickelt wurden.
Ärztliche Hilfe:
Ein anthroposophischer Arzt beschäftigt sich nicht nur mit Krankheiten und «Störungen» des Kindes. Er will wissen, wie das Kind seinen Körper bewohnt, wie es um seine Lebenskräfte steht und wie es sich in seine Umgebung hineinstellt. Er behandelt nicht nur die Krankheit, sondern das Kind als ganzen Menschen.

Deswegen kann man einen anthroposophischen Arzt auch zu Rate ziehen, wenn sich bei einem Kind legasthenische Symptome zeigen. Er kann zwar Legasthenie nicht diagnostizieren und die Lese-Schreib-Störung beheben, aber er kann dafür sorgen, daß das Kind besser in seinen Leib hineinwächst, so daß sich zum Beispiel das Gedächtnis und die Konzentrationsfähigkeit sehr verbessern können. Der Arzt kann gegebenenfalls Medikamente, Heileurythmie, Massage, Chirophonetik, künstlerische Therapie oder Sprachgestaltung verschreiben.

Heileurythmie:
In der Heileurythmie macht das Kind mit dem Heileurythmisten gewöhnlich zweimal wöchentlich eine halbe Stunde einzeln (bisweilen auch in einer kleinen Gruppe) bestimmte Übungen. Ein Elternteil sollte dabei anwesend sein, so daß der Erwachsene die Übungen mit dem Kind zu Hause täglich wiederholen kann. Bei der Heileurythmie ist immer die äußere Bewegung der Ansatz zu einer inneren Bewegung. Wenn die Übungen richtig ausgeführt werden, haben sie eine starke Wirkung auf das Kind und bilden eine wichtige Ergänzung zur übrigen Behandlung der Legasthenie.

Chirophonetik:
Es handelt sich bei der Chirophonetik um eine ziemlich neue Therapieform, die noch in der Entwicklung begriffen ist. In den Niederlanden ebenso wie in Deutschland sind einige Menschen in der Chirophonetik ausgebildet und wenden sie bei Kindern an. Hierbei werden bestimmte Formen auf den (nackten) Rücken des Kindes gemalt. Die äußere Bewegung erzeugt hier (wie bei der Heileurythmie) eine innere Bewegung, die heilend auf das Kind wirken kann.

Künstlerische Therapie und Musiktherapie:
Diese Therapien werden vor allem bei Problemen verschrieben, die
auf seelischem Gebiet liegen. Sie wirken nicht direkt auf die Legasthenie, sondern auf die psychischen Probleme, die daraus entstanden
sind. Der Therapeut malt, zeichnet, modelliert oder macht Musik mit
den Kindern. Neben einer Hilfe bei emotionalen Schwierigkeiten
bringt die Musik das Kind außerdem dazu, besser hinzuhören. Durch
das Malen und Zeichnen wiederum lernt es auch noch, feiner wahrzunehmen, und durch das Modellieren übt es zusätzlich den Tastsinn.
Außerdem stärkt die künstlerische Therapie die Lebenskräfte, die, wie
beschrieben wurde, mit dem Lernen zusammenhängen.

Sprachgestaltung:
In der Sprachgestaltung geht es um die Qualität der verschiedenen
Laute und ihre Wirkung auf den Zuhörer und den Sprecher. Als
Kunst ist die Sprachgestaltung schon alt, aber als Therapieform ist sie
ziemlich neu und noch in ständiger Entwicklung begriffen. Der
Sprachgestaltung als Therapie liegt der Gedanke zugrunde, daß das
Sprechen von bestimmten Lauten eine heilende Wirkung auf die
Konstitution hat. Es handelt sich bei ihr also darum, auf die Qualität
der Laute zu achten und nicht an erster Stelle auf die Technik des
Sprechens wie bei der Logopädie.

Als Eltern steht man diesen «alternativen» Therapien vielleicht ein
wenig skeptisch oder sogar mißtrauisch gegenüber. Für die Behandlung der Legasthenie gibt es kein Zaubermittel oder keine «Zauber-
therapie». Aber es ist durchaus möglich, auf verschiedenen Wegen
die Entwicklung des Kindes zu unterstützen und zu fördern. Das
wichtigste ist, daß die Eltern Vertrauen zu dem Arzt haben, der ihnen
zu einer Behandlung rät, und zu dem Therapeuten, der mit ihrem
Kind arbeitet.
Wie eine bestimmte Therapie wirkt und was sie bei einem Kind
bewirkt, ist häufig nicht in Worten zu erklären. Wenn die Eltern ihr
Kind während der Behandlungsperiode offen und vorurteilslos beobachten, können sie selbst beurteilen, ob diese Therapie ihm guttut
oder nicht. Wenn sie die Übungen zusammen mit dem Kind machen,
können sie selbst erfahren, wie sie wirken. Selbstverständlich dauert
es bei jeder Therapie eine Weile, bevor ein Resultat zu spüren ist.

Meistens bemerkt man nach einer oder zwei Behandlungen noch nichts, aber nach einiger Zeit muß sich doch zeigen, ob sich der Therapeut mit dem Kind auf dem richtigen Weg befindet. Meistens können die Eltern dann bei ihrem Kind eine Veränderung wahrnehmen: Es kann ihnen zum Beispiel auffallen, daß es ruhiger oder offener wird oder daß es mit mehr Freude an seine Arbeit geht.

Die meisten anthroposophischen Therapien werden sieben Wochen lang durchgeführt; dann wird eine Pause eingelegt. Danach kann das Kind mit einer anderen Therapie weitermachen oder die erste Therapie wiederholen. Meistens müssen die Eltern dazu selbst die Initiative ergreifen und wieder Kontakt mit dem Arzt aufnehmen.

Der Kontakt zwischen Eltern und Schule als Teil der Behandlung

Ein legasthenisches Kind kann nur optimal betreut werden, wenn ein guter Kontakt zwischen den Eltern, den Lehrern und anderen Personen, die Hilfe leisten, besteht. Gegenseitiges Vertrauen und Offenheit sind dabei wichtig, vor allem wenn Kritik an irgendeiner Behandlungsweise geübt wird.

Offenheit bedeutet auch, daß der Lehrer Probleme mit den Eltern bespricht, sobald er solche bei dem Kind feststellt, auch wenn die Ursache noch nicht bekannt ist und eine mögliche Behandlungsform noch nicht feststeht. Die Eltern können dann von Anfang an gemeinsam mit dem Lehrer das Kind beobachten und nach einer Behandlungsweise suchen. Wenn die Eltern als erste etwas Ungewöhnliches bei ihrem Kind bemerken, sollten sie es mit dem Lehrer besprechen. Vielleicht verschwinden die Probleme nach einiger Zeit von selbst. Dennoch ist es immer besser, daß man ein Kind eher einmal zuviel als einmal zuwenig in den Mittelpunkt stellt, damit bestimmte Schwierigkeiten nicht übersehen oder zu spät bemerkt werden. Wenn der Lehrer und die Eltern auf eine ruhige und entspannte Weise mit den Problemen umgehen, wird das Kind diese zusätzliche Aufmerksamkeit nicht als störend empfinden.

Eltern mit einem lernschwachen Kind würden sich wohl am liebsten einen Privatlehrer wünschen, der Tag und Nacht bereitsteht, um ihrem Kind zu helfen. Es fällt den Eltern oft schwer zu akzeptieren, daß der Lehrer und die Schule nur begrenzte Möglichkeiten anzubieten haben. Ein legasthenisches Kind braucht natürlich viel zusätzliche Hilfe. Der Klassenlehrer und die Schule sind in den meisten Fällen gerne bereit, sich um ein solches Kind besonders zu bemühen, aber das wird nicht ausreichen. Die Eltern, die letztlich für das Kind verantwortlich sind, werden also außerhalb der Schule zusätzliche Hilfe suchen müssen. Zur Verantwortung des Lehrers gehört andererseits, daß er den Eltern erklärt, was das Kind braucht, was die Schule anbieten kann und was durch die Eltern noch ergänzt werden muß.

Damit dieser Prozeß einen richtigen Verlauf nimmt, ist es wichtig, daß die Eltern und eventuelle Therapeuten sich zwei- oder dreimal während des Schuljahres treffen, um die Entwicklung des Kindes eingehend zu betrachten und ein weiteres Vorgehen zu besprechen. Hierbei kann auch die Frage gestellt werden, ob das Kind weiterhin in seiner Klasse bleiben kann oder ob es an einer Schule mit besonderem Unterricht besser betreut werden könnte.

Sonderschule oder nicht?

Wenn man sich überlegt, ob ein Kind in eine Sonderschule überwechseln soll – das würde bedeuten entweder in eine Förderschule auf anthroposophischer Grundlage oder in eine Sonderschule für Kinder mit Lern- und Erziehungsschwierigkeiten –, sind Vor- und Nachteile sorgfältig abzuwägen. Allerdings läßt sich oft die ideale Lösung für ein Kind nicht finden, so daß man sich mit der für die jeweilige Situation besten Lösung zufriedengeben muß.
Vorteile eines Wechsels in eine Sonder- oder Förderschule:
1. Das Kind kommt in eine kleinere Gruppe von Kindern; es gibt mehr Möglichkeiten für eine individuelle Betreuung und ein auf seine Probleme abgestimmtes Programm, so daß es nicht überanstrengt wird.
2. Dort ist es mit anderen Kindern zusammen, die auch Lernschwierigkeiten haben, so daß es nicht ständig mit seinem eigenen Unvermögen und mit Altersgenossen, die immer alles besser können, konfrontiert wird.
3. Förderunterricht nach der Schulzeit und zusätzliches Üben zu Hause sind nicht länger notwendig.

4. Viele Kinder lernen durch die gezielte Behandlung ihre Probleme besser in den Griff zu bekommen, so daß einige von ihnen später wieder in die normale Schule zurückkehren können.
5. In der Sonderschule wird strukturiert gearbeitet, so daß das Kind mehr vom Unterricht profitieren kann.
6. Die Lehrer haben Erfahrung in der Arbeit mit legasthenischen Kindern.

Nachteile eines Wechsels:
1. Der Schüler muß seine vertraute Klasse verlassen.
2. Wenn das Kind in eine staatliche Sonderschule überwechselt, bekommt es keinen Unterricht mehr wie an der Waldorfschule; nur selten ist eine Förderschule auf anthroposophischer Grundlage in der Nähe.
3. Das Kind befindet sich nun unter «Problemkindern», unter denen auch verhaltensgestörte Kinder sind.

Die Entscheidung ist nicht leicht zu treffen. Ein Kind, dem es voraussichtlich gelingen wird, bis zum Ende der siebten Klasse, wenn auch mit zusätzlicher Hilfe, mit seinen Klassenkameraden Schritt zu halten, sollte in seiner Klasse bleiben. Aber wenn zu erwarten ist, daß das Kind bald nicht mehr vorwärtskommt und dem Unterricht zum großen Teil nicht mehr folgen können wird, oder wenn emotionale Probleme zu befürchten sind, sollte man dem zuvorkommen und es in eine Sonderschule schicken. Wartet man zu lange, wird in der Sonderschule viel kostbare Zeit aufgewendet werden müssen, um die entstandenen Versagensängste und Widerstände gegen das Lernen zu beseitigen.

Bei einem Schüler, der am Ende der dritten Klasse noch nicht oder kaum lesen und nur im Zahlenraum bis zehn rechnen kann, besteht die Gefahr, daß er in der vierten Klasse wie vor einer Wand stehen wird. Die Erfahrung hat gelehrt, daß viele Kinder diesen Wechsel zur Sonderschule nach anfänglichem Unbehagen als eine große Erleichterung erleben. Auch die Eltern werden aufatmen können, wenn sie nicht mehr so intensiv mit ihrem Kind arbeiten müssen.

Wenn entschieden ist, daß das Kind in die staatliche Sonderschule kommt, sollte dieser Wechsel spätestens nach der dritten Klasse stattfinden. Bei einem älteren Kind wird der Übergang schwieriger sein, weil ein Lernrückstand häufig sehr groß ist und es Zeit braucht, um sich an das neue System zu gewöhnen.

Für Eltern, die sich einen solchen Schritt überlegen, kann es eine Hilfe bedeuten, mit Eltern Kontakt aufzunehmen, die schon ein Kind in einer Sonderschule haben. Diese können von ihren Erlebnissen und ihren Erfahrungen mit einer solchen Schule erzählen.

Eine andere Möglichkeit, die manchmal in Erwägung gezogen wird, ist, ein Kind die Klasse wiederholen zu lassen. Hierbei soll man sich aber folgendes überlegen: In der Waldorfschule bedeutet der Lehrstoff *Entwicklungsstoff*, das heißt, daß die Lehrer beim Sprach- und Rechenunterricht nicht von einem bestimmten Niveau ausgehen, das der Schüler erreichen muß, sondern sie stimmen ihren Unterricht auf die psychische Entwicklung ab, die das Kind in einem bestimmten Alter durchmacht. Wenn ein Kind seelisch jedoch noch nicht in eine vierte Klasse paßt, kann es am besten zurückversetzt werden. Außerdem wird es den Lehrstoff dann nochmals angeboten bekommen, so daß es seinen Rückstand aufholen kann. Letzteres darf aber nie der einzige Grund sein, um einen Schüler eine Klasse wiederholen zu lassen. Ein Kind, das von der Entwicklung her ein werdender Viertkläßler ist, muß zum Beispiel Bruchrechnen lernen, auch wenn es das Einmaleins noch nicht kennt. Für lese- und schreibschwache Kinder, die nicht ausgesprochen jung sind, wird das Wiederholen einer Klasse meistens keine Lösung bieten.

Die Oberstufe wird für die meisten legasthenischen Schüler problematisch sein, denn es muß viel geschrieben und gelesen werden; außerdem müssen die Fremdsprachen gelernt werden! Dennoch ist es schade, wenn Jugendliche, die gerne die Waldorfschule besuchen möchten, nicht in ihrer Klasse bleiben können, nur weil sie legasthenisch sind. Selbstverständlich gibt es Legastheniker, für die es nicht möglich ist, die Oberstufe zu absolvieren, weil sie kaum lesen oder nicht einmal die eigene Handschrift entziffern können oder weil sie den erforderlichen Einsatz nicht aufbringen. Diese Jugendlichen sollten besser in eine andere weiterführende Schule überwechseln.

Zusammenfassend kann man sagen, daß ein Schüler mit einer Lese- und Schreibstörung die Oberstufe nur sinnvoll durchlaufen kann, wenn die Schule bereit ist, für seine Probleme eine eigens auf ihn abgestimmte Lösung zu suchen, und wenn der Schüler seinerseits bereit ist, sich in vollem Umfang einzusetzen.

Legasthenische Schüler in der Oberstufe

Die Entwicklung nach dem vierzehnten Lebensjahr

In dem ersten Jahrsiebt ist das Kind hauptsächlich Willenswesen und lebt deshalb gänzlich im Tun. Im zweiten Jahrsiebt dagegen lebt es vor allem im Fühlen, das heißt in Bildern und in der Phantasie. Erst nach dem vierzehnten Jahr erwacht das denkende Begreifen der Welt. Jede von diesen drei Lebensphasen kann jeweils noch einmal in drei Perioden unterteilt werden: In jeder siebenjährigen Phase tritt in den ersten zwei Jahren der Wille in den Vordergrund, in den mittleren Jahren das Fühlen, und schließlich folgt eine Periode, in der das Denken stärker hervortritt.[83]

Der Vierzehn- oder Fünfzehnjährige ist vor allem damit beschäftigt, das Denken durch seinen Willen, das heißt durch das Handeln, kennenzulernen und anzuwenden. Diese Periode mit dem Schwerpunkt auf dem Willensgebiet zeichnet sich durch enorme Entdeckerfreude und großes Interesse für Fakten aus, aber – bedingt durch das kräftige Wachstum der Gliedmaßen – auch durch eine deutliche motorische Ungeschicklichkeit: Die Jugendlichen fallen durch viel zu lange Arme und Beine und verhältnismäßig große Nasen auf. Der Pubertierende fühlt sich in seinem Körper nicht mehr «zu Hause», seine langen Glieder sind ihm lästig; er fühlt sich von überall her beobachtet und hat den Eindruck, daß er sich ständig vor sich selbst und vor den anderen blamiert. Mädchen verstecken diese Ungeschicklichkeit manchmal hinter stereotypen Bewegungen und affektiertem Benehmen. Bei legasthenischen Jugendlichen, die schon immer etwas weniger gewandt und unsicher gewesen sind, kann diese Ungeschicklichkeit und das Unvermögen, sich frei zu bewegen, noch stärker auftreten.

Wenn der Schüler sechzehn oder siebzehn Jahre alt ist, tritt das Fühlen in den Vordergrund: Die Welt, andere Menschen und die eigene Person werden fast nur noch durch die Brille der Emotionen gesehen. Aber immer geht es bei den jungen Menschen darum, die Welt und sich selbst kennen und begreifen zu lernen. Zu dieser Phase gehört das Gefühl, daß man von niemandem verstanden wird. Weil legasthenische Schüler *wirklich* anders sind, können die Gefühle der

Einsamkeit bei ihnen noch intensiver auftreten als bei anderen Schülern. Leidet ein Kind stark unter Versagensängsten und mangelndem Selbstvertrauen, können solche Gefühle in der jetzigen Lebensphase dramatische Formen annehmen und sogar zu Depressionen führen. Aber wenn der Heranwachsende in seinem Selbstvertrauen vorher genügend gestärkt worden ist, braucht diese Phase nicht so dramatisch zu verlaufen. Es kommt sogar vor, daß legasthenische Schüler aufgrund ihrer vielen Erfahrungen mit ihren Problemen sich selbst sogar besser im Griff haben als ihre Altersgenossen, so daß sie mit diesen Gefühlen durchaus umgehen können.

In der letzten Phase der Pubertät wird das Denken selbst untersucht und geübt. Der Gedankengang anderer Menschen, allgemeine Werte und verschiedene Philosophien werden studiert und *gedanklich* durchdrungen. In den Jahresarbeiten, die gewöhnlich am Ende der zwölften Klasse präsentiert werden, kann man diese neuen Interessen deutlich erleben. Hierbei werden sich legasthenische Jugendliche selten von ihren Altersgenossen unterscheiden.

Bis zum vierzehnten Jahr war die Materie, in Gestalt des physisch-ätherischen Leibes, Voraussetzung für die Entwicklung des Denkens. Wir haben gesehen, wie der Aufbau des physischen Leibes in den ersten sieben Jahren Voraussetzung ist für das richtige Freiwerden der Ätherkräfte und ihre Umwandlung in Gedankenkräfte.

In der Pubertät haben sich auch die Seelenkräfte, in Gestalt des Astralleibes, vom physischen Leib losgelöst. Das bedeutet, daß der physische Leib nicht mehr allein für das Seelenleben und das Lernen bestimmend ist. Psychische Prozesse können nun auch in die Materie eingreifen. Das Ich, das bei legasthenischen Kindern ungenügend beim Aufbau und beim Ergreifen des physischen Leibes tätig war, kann jetzt mit Hilfe psychischer Prozesse, das heißt mit dem freigewordenen Astralleib, das leibliche «Instrument» dann nachträglich doch noch ergreifen.

Dadurch wird es in der Pubertät möglich, eine Anzahl von Problemgebieten, die mit der Legasthenie zusammenhängen, auf eine neue Weise anzugehen. Probleme der Rechtschreibung, der Motorik, der Konzentration und der Zuordnung können jetzt schwächer werden, weil sich der Jugendliche selbst engagiert. Wenn ein Schüler selbst zum Arbeiten motiviert ist, kann er Berge versetzen und sich zu ungeahnten Leistungen aufschwingen.

Außerdem ist es jetzt möglich, an das logische Denken des Jugend-lichen zu appellieren. Gegenüber den bisherigen Hemmnissen beim Lernen der Rechtschreib- und Grammatikregeln kann das wie ein Durchbruch wirken.

Das Erkennen der Legasthenie

Meistens ist bei einem Schüler die Legasthenie schon in der Unter-stufe erkannt worden. Normalerweise wird dem Tutor (dem Ober-stufenlehrer, der die Klasse betreut), wenn er nach dem siebten oder dem achten Schuljahr die Klasse übernimmt, mitgeteilt, welche Schü-ler legasthenisch sind.

Selbstverständlich genügt diese bloße Mitteilung nicht. Der Tutor benötigt einen ausführlichen Bericht (dazu gehören Berichte anderer Lehrer und des Förderlehrers und eventuelle Testberichte), wenn er ein richtiges Bild der Hindernisse, denen der Schüler in der Oberstu-fe begegnen wird, gewinnen will. Dann kann er gemeinsam mit dem Schüler einen Weg zur Überwindung dieser Hindernisse suchen. Vom ersten Tag an werden die Lehrer in der Oberstufe Rücksicht auf die Probleme des legasthenischen Jugendlichen nehmen müssen. Das bedeutet, daß alle Lehrer über seine Schwierigkeiten unterrichtet werden müssen, so daß keine kostbare Zeit verlorengeht und der Schüler keine unnötige Frustration erleben muß.

In der Oberstufe müßte es eigentlich einen «Spezialisten» geben, der seinen Kollegen erzählen kann, worin die Möglichkeiten und Beschränkungen eines Legasthenikers liegen, und der die Lehrer über den Umgang mit diesen Schülern beraten kann.

Wenn man feststellen will, auf welchen Gebieten der Schüler be-sondere Hilfe, ein angepaßtes Programm oder eine auf ihn abge-stimmte Methode benötigt, kann das am besten anhand einer kleinen Untersuchung geschehen, in der verschiedene für einen Oberstufen-schüler notwendige Fähigkeiten geprüft werden. Folgendes sollte hierbei untersucht werden:

1. Wieviel Zeit braucht der Schüler, um einen Text zu schreiben oder abzuschreiben? Kann er seine eigene Handschrift lesen?
2. Ist der Schüler imstande, mündlich gegebene Informationen (Lehrstoff) schriftlich wiederzugeben?

3. Kann er einen gelesenen Text mündlich und schriftlich wieder-
geben? Wieviel Zeit braucht er dazu?
4. Ist der Schüler fähig, schriftliche Fragen schriftlich zu beantworten?
5. Besitzt er in den Fremdsprachen einen Grundwortschatz, ver-
gleichbar dem seiner Mitschüler?
6. Ist er imstande, in einer Fremdsprache Wörter und Sätze zu
schreiben und einen einfachen Text in dieser Sprache zu lesen?
7. Welche Art Fehler macht der Schüler? Wie viele Fehler macht er?

Bei all diesen Fragen muß man natürlich den Schüler im Vergleich zu
seinen Klassenkameraden sehen. Bei dieser Untersuchung will der
Lehrer nicht in erster Linie den Schüler beurteilen, sondern er will
herausfinden, auf welchen Gebieten er besondere Hilfe benötigt. Am
besten wird diese Untersuchung mit jedem Schüler einzeln durchgeführt, denn nur so kann der Lehrer beobachten, *wie* der Schüler
arbeitet (sehr nachlässig oder gerade übertrieben gründlich, so daß er
für alles unverhältnismäßig viel Zeit braucht, usw.), und ihm über
eventuelle Blockaden hinweghelfen.

In Ausnahmefällen wird die Legasthenie in der Unterstufe nicht bemerkt. Das kann bei Kindern vorkommen, die so intelligent sind
oder so hart arbeiten, daß sie ihre Schwierigkeiten zu überspielen
wissen. Es gibt auch Schüler, die ihre Probleme geschickt verbergen
können, indem sie wenig, aber gerade so viel tun, daß die Erzieher
denken: «Er kann es schon, aber er ist einfach faul.» In beiden Fällen
werden die Schüler in der Oberstufe «entlarvt» werden.
Wenn ein Lehrer bei einem Oberstufenschüler eine Legasthenie
vermutet, kann er ihn ein «Standarddiktat» machen lassen. Standar-
disierte Rechtschreibetests und Lesetests sind für verschiedene Klas-
senstufen im Beltz-Verlag erschienen.[84] Wenn dieses Diktat in der
vorgeschriebenen Weise beurteilt wird, deutet eine bestimmte Anzahl Schreibfehler auf eine Legasthenie. Daneben ist es ratsam, den
Schüler durch einen Förderlehrer oder einen Heilpädagogen untersuchen zu lassen. Sie können eine Legasthenie mit der erforderlichen
Sicherheit feststellen und Anweisungen für die Behandlung geben.

Welchen Problemen begegnet ein legasthenischer Schüler in der Oberstufe?

Wie schon dargestellt wurde (siehe S. 30), sind das Rechtschreibproblem und daneben mehr oder weniger die Leseschwäche während der Pubertät als die wichtigsten Legastheniesymptome anzusehen; auch die Konzentrations- und Zuordnungsprobleme spielen manchmal noch eine Rolle. In der Oberstufe können sich diese Störungen folgendermaßen zeigen:

1. Epochenhefte, Arbeiten, Aufsätze und Diktate sind oft voller Rechtschreibfehler, besonders wenn unter Zeitdruck gearbeitet wurde.
2. Der Schüler braucht für seine schriftlichen Aufgaben gewöhnlich mehr Zeit als die meisten Mitschüler. Das kann dazu führen, daß Arbeiten und Prüfungen nicht in der vorgesehenen Zeit fertig werden.
3. Das Lesen erfordert oft viel Zeit, und Bücher sind häufig zu schwierig. Dadurch wird jede Vorbereitung eines Referats und jegliche schriftliche Ausarbeitung erheblich erschwert.
4. Der Schüler braucht in den Fremdsprachen viel Zeit und Mühe, um Vokabeln zu üben (vor allem um sie schreiben zu lernen) und Bücher zu lesen.
5. Die Konzentrationsschwäche erschwert die Erledigung der Hausaufgaben.
6. Aufgrund seiner Zuordnungsprobleme ist die Arbeit des legasthenischen Schülers unordentlich und unübersichtlich, so daß unnötige Fehler gemacht werden.
7. Vielen legasthenischen Schülern gelingt es nicht, gleichzeitig zuzuhören und Notizen zu machen.

Dieser Aufzählung von Schwierigkeiten ist zu entnehmen, daß das größte Problem dieser Jugendlichen «die Zeit» ist: Ein lese- und schreibschwacher Schüler könnte seine Arbeit schon bewältigen, wenn er nur genügend Zeit dafür bekäme.

Trotz der vielen Probleme, die Legastheniker in der Oberstufe zu überwinden haben, werden ihre Fähigkeiten hier mehr zur Geltung kommen als in der Unterstufe. In vielen Fächern ist vor allem der Inhalt wichtig, den sie oft gut aufnehmen und begreifen können. Jetzt wird weniger Zeit auf «schulische» Fertigkeiten wie Rechtschreibung, Lesen und Rechnen verwendet. In den Literaturepochen wird mit verschiedenen Stilrichtungen experimentiert, so daß sich die Begriffe von «richtig» und «falsch» relativieren. Oft hat «krummer» Sprachgebrauch in der Literatur besondere Aussagekraft. Wenn man sich mit großen Autoren, mit der Weltgeschichte oder der Völkerkunde beschäftigt, ist es nicht mehr so wichtig, ob man «wieder» oder «wider» schreibt. Die Rechtschreibung bekommt allmählich den Stellenwert, der ihr zusteht, nämlich den einer Konvention, die man zwar kennen muß, die aber nicht lebensnotwendig ist.

Bewegung und Wahrnehmung

Ist es möglich, daß man nach der Pubertät auf die Ursache der Legasthenie, das heißt auf die Art, wie der Heranwachsende sein leibliches «Instrument» aufgebaut hat und es bewohnt, noch irgendwie einwirken kann? Das «Instrument» kann zwar nicht mehr geändert werden, aber der Jugendliche kann durchaus noch lernen, es mittels Bewegungs- und Wahrnehmungsübungen besser in die Hand zu bekommen (siehe auch S. 153 ff.).

Jeder kennt das wohltuende, erfrischende Gefühl nach einer gesunden körperlichen Anstrengung. Ein Leben lang hilft die Bewegung dem Menschen, besser in seinen Körper zu kommen. Deshalb ist es wichtig, daß die Schüler Spaß an der Bewegung bekommen. Hierzu bietet sich Sport, aber zum Beispiel auch Theaterspielen an. Letzteres kann zugleich als Hilfsmittel angewandt werden, um die Bewegungen aus der Sphäre des Genormten zu holen. Denn das Spiel auf der Bühne erfordert nicht Bewegungen oder Gebärden, die sich «gehören» oder die «in» sind, sondern Bewegungen in einer bestimmten Intention oder mit einem bestimmten Ausdruckswillen. Wenn wir bewußte Bewegungen machen, wie bei Sport, Tanz oder Schauspiel, werden unsere Bewegungen unser Eigentum; das bedeutet, daß das Ich die Möglichkeit bekommt, sie zu steuern. Auch ein legasthenisches Kind ist imstande, seine motorische Ungeschicklichkeit aus seinem Ich heraus zu überwinden oder zumindest in einen ihm eigenen Bewegungsablauf umzuwandeln, der sogar seine besondere Anmut haben kann.

Wenn das Kind Formenzeichnen übt, entwickelt es die Bewegung im Zusammenhang mit der Wahrnehmung. Formen, die aus der Bewegung heraus entstehen, wirken auf es am stärksten. Wie wir schon dargestellt haben, wird das Formenzeichnen in der Unterstufe folgendermaßen an die Kinder herangebracht: Erst malen sie die Form in die Luft und dann aus der Bewegung heraus unmittelbar auf das Papier. Dadurch, daß immer wieder aufs neue über die Form gefahren wird, kann sie korrigiert werden. Selbstverständlich gibt es in der Oberstufe zu wenig Zeit, um das Formenzeichnen regelmäßig mit der ganzen Klasse zu üben. Aber vielleicht läßt es sich einrichten, daß die legasthenischen Schüler in gewissem Umfang zu Hause oder in der Schule Formenzeichnen betreiben können.

Auch außerhalb der Waldorfschule wird das Zeichnen von Formen aus der Bewegung heraus bei der Behandlung von legasthenischen Schülern angewandt. Kuipers und Weggelaar stellten fest, daß sich die Handschriften und die Rechtschreibung deutlich verbesserten, wenn die Kinder gewisse Formen täglich übten (große Formen, die sie zunächst mit beiden Händen spiegelbildlich zeichneten).[85]

Auch die Wahrnehmungsfähigkeit kann in der Oberstufe (und danach) weiterentwickelt werden. Wie wir gesehen haben, ist eine gute Zusammenarbeit aller Sinne notwendig, um richtig lesen und schreiben (lernen) zu können. Legasthenische Schüler können darin unterstützt werden, indem sie das Sehen und Hören besonders üben.

Die visuelle Wahrnehmung kann man schärfen, indem man Dinge aus der Natur oder andere Gegenstände abzeichnet. Daneben ist es eine gute Übung, bekannte Gegenstände (wie beispielsweise die eigene Haustür) aus dem Gedächtnis heraus zu zeichnen.

Der Schüler kann den Gehörsinn üben, indem er (mit anderen zusammen) Musik macht oder indem er Musik hört und dazu gezielte Aufgaben bekommt, zum Beispiel: Welches Instrument spielt als erstes das Thema? Welche Instrumente übernehmen es? Für diese Übungen kann man sowohl klassische Musik als auch beispielsweise Jazz einsetzen.

Es wird innerhalb einer Klasse nur sehr begrenzte Möglichkeiten geben, die Legasthenie in der hier beschriebenen Weise an ihren Wurzeln zu bekämpfen. Die Behandlung wird zum größten Teil außerhalb der Schule stattfinden müssen (siehe dazu S. 153 ff.).

Während des Unterrichts und bei den Hausaufgaben begegnen einem legasthenischen Schüler aber viele praktische Probleme, die er nicht selbst lösen kann. Im Unterricht und bei den Hausaufgaben, bei Prüfungen und Arbeiten ist zusätzliche Betreuung und Aufmerksamkeit von seiten des Lehrers erforderlich.

Weil legasthenische Schüler für ihre schriftliche Arbeit, für Lesen und Lernen (Einprägen von Lerninhalten) im allgemeinen mehr Zeit als ihre Mitschüler benötigen, ist es für sie sehr wichtig, daß Arbeiten, Aufsätze und Referate lange im voraus aufgegeben werden. Es sollte ihnen eigentlich auch mehr Zeit gegeben werden, um Prüfungen abzulegen, oder sie sollten die Prüfungen mündlich ablegen dürfen. Viele legasthenische Schüler würden dadurch zeigen können, was sie tatsächlich wissen und was sie von dem angebotenen Lehrstoff begriffen haben. Deshalb wäre es auch sinnvoll, wenn sie ihre Arbeiten mündlich erläutern dürften. Wahrscheinlich stellte sich dann heraus, daß sie viel mehr aus ihrem Thema gemacht haben, als sie schließlich zu Papier bringen konnten.

Auch wird es vielen legasthenischen Schülern nicht gelingen, zwei oder drei Fremdsprachen richtig zu lernen. In diesem Fall ist es besser, wenn sie eine Fremdsprache weniger lernen, so daß mehr Zeit für die anderen Fächer übrigbleibt. Die freiwerdenden Stunden können durch Förderunterricht ersetzt oder für die Hausaufgaben benutzt werden. Mit Recht wird eingewendet, daß ein Schuler, wenn er eine bestimmte Sprache nicht lernt, kaum etwas von der Kultur des entsprechenden Landes mitbekommt. Diesem Nachteil kann man begegnen, indem man dem Schüler aufträgt, Bücher aus der entsprechenden Kultur in Übersetzung zu lesen, sich ein Theaterstück anzuschauen oder Lieder in dieser Fremdsprache anzuhören.

Auch in der Oberstufe werden die meisten schriftlichen Arbeiten korrigiert werden müssen, bevor sie im Heft eingetragen werden können. Oft wird die Hilfe eines Elternteils oder eines Lehrers hierbei notwendig sein. Auch bei der Vorbereitung einer Arbeit oder eines Referates braucht der legasthenische Schüler Hilfe: Sachgerechte, aber nicht zu schwierige Bücher müssen ausgesucht werden, die Bücher müssen gelesen werden, und schließlich kommt noch die schriftliche Ausarbeitung. Oft müssen die Eltern diese Hilfe leisten, aber auch der Lehrer wird legasthenische Schüler zusätzlich betreuen müssen.

Jeder Lehrer sollte sich regelmäßig Zeit nehmen, um mit dem Schüler zu besprechen, ob er die Aufgabe tatsächlich ausführen kann. Vielleicht braucht er einfach nur mehr Zeit, oder es stellt sich eine andere Form der Ausarbeitung als wünschenswert heraus. Der Lehrer sollte auch mit dem Schüler besprechen, wie er die Arbeit in Angriff nehmen will und ob genügend Hilfe vorhanden ist. Der Lehrer wird vielleicht den Text schon in einem frühen Stadium anschauen und korrigieren müssen, um zu vermeiden, daß die endgültige Fassung in Rechtschreibfehlern erstickt.

Ein legasthenischer Schüler wird lernen müssen zu lernen. Er wird lernen müssen, die Zeit richtig einzuteilen und effizient zu arbeiten, und er wird eigene Wege finden müssen, um sich zum Beispiel eine Reihe von Wörtern einzuprägen. Hausaufgabenbetreuung kann hierbei eine wichtige Unterstützung bieten. Daneben wird die Hilfe der Eltern und eines Förderlehrers notwendig sein. Selbstverständlich können auch die Lehrer die erforderlichen Anweisungen geben. Weil lese- und schreibschwache Schüler leicht den Überblick verlieren, sind Aspekte wie Blatteinteilung und sauberes und ordentliches Arbeiten bei ihnen noch wichtiger als bei anderen Schülern. Sogar ihre Konzepte sollten übersichtlich sein.

Aber auch die Aufnahme des Lehrstoffes während des Unterrichts kann legasthenischen Schülern Schwierigkeiten bereiten. Sie sind schnell abgelenkt, und es bereitet ihnen Mühe, Wesentliches von Nebensächlichem zu unterscheiden, so daß sie bei einer Darstellung schneller den Faden verlieren. Viele Legastheniker denken in Bildern und sehen die Dinge gerne konkret vor sich; abstrakte theoretische Auseinandersetzungen machen ihnen daher Schwierigkeiten. Wenn ein Inhalt aber bildhaft erzählt wird und die Darstellung einen deutlichen logischen Aufbau hat, bei dem das Wesentliche hervorgehoben wird, bedeutet das für sie eine wichtige Hilfe.

Da das Epochenheft oft zugleich «Lehrbuch» ist, wird darauf geachtet werden müssen, daß die Hauptpunkte vollständig und korrekt eingetragen werden, die Handschrift leserlich und der Text übersichtlich gegliedert ist. Um diesen Anforderungen gerecht zu werden, brauchen legasthenische Schüler unbedingt Hilfe: die Notizen und die Unterstützung des Lehrers oder das Heft eines Mitschülers. Zusammenfassend kann man sagen, daß ein legasthenischer Schüler stark auf die Hilfe des Tutors oder Klassenlehrers angewiesen ist, vor allem auch beim Lösen praktischer Probleme, die bei verschiedenen Fächern auftreten können. Der Tutor wird die anderen Kollegen über die spezifischen Probleme des legasthenischen Schülers informieren müssen und eventuell besprechen, wie man ihnen begegnet. Außerdem wird er die zusätzliche Betreuung jedes Schülers koordinieren und die Kontakte zum Förderlehrer und eventuell zu anderen Personen, die die Hausaufgaben betreuen, pflegen müssen. Aber das wichtigste ist vielleicht doch, daß er immer bereit ist, auf die Fragen des Schülers einzugehen und ihn zu unterstützen und zu ermutigen.

Rechtschreibung, Grammatik und Stil

In der achten und neunten Klasse wird viel Aufmerksamkeit auf die Rechtschreibung gelenkt. Die in der Unterstufe gelernten Rechtschreibregeln werden wiederholt. Jetzt kann der Heranwachsende auch über das Denken einen Zugang dazu finden. Für legasthenische Schüler ist das ein wichtiger Augenblick: Für viele von ihnen war es in der Unterstufe nicht möglich, sich auf eine gefühlsmäßige, selbstverständliche Weise die Rechtschreibregeln anzueignen. In der Oberstufe wird nun die Rechtschreibung als ein nahezu mathematisches System mit festen Regeln eingeführt. Wenn die Schüler die nötige Reife haben, kann das für sie den Durchbruch zu einer besseren Rechtschreibung bedeuten. Natürlich werden sie dabei viel mehr Hilfe brauchen, als in der Schule gegeben werden kann, so daß sie weiterhin auf die Hilfe eines Förderlehrers angewiesen sind.

Verschiedene Methoden sind entwickelt worden, um lese- und schreibschwachen Schülern die Rechtschreibregeln beizubringen. Man wird bei jedem Schüler individuell entscheiden müssen, welche Methode am wirksamsten ist. Aber auch hier gilt wieder, daß viele dieser Methoden eine derart intensive, individuelle Hilfe erfordern, daß diese nicht in der Klassensituation, sondern nur durch Unterstützung eines Förderlehrers geleistet werden kann.

In der Schule kann jedoch ein Rechtschreibheft angelegt werden, in dem der Schüler Rechtschreibregeln, selbstausgedachte Eselsbrükken und Beispielwörter notiert – Wörter, die als Muster für bestimmte Schwierigkeiten gelernt und behalten werden, zum Beispiel «Blitz» als Beispielwort für alle Wörter auf -tz. Zunächst wird der Schüler noch ständig im Heft nachschlagen müssen. Mit der Zeit aber wird er die Regeln immer besser auswendig kennen, bis das Heft überflüssig wird. Ein Wörterbuch kann ebenfalls hilfreich sein, aber die Schüler werden erst lernen müssen, damit umzugehen. (Das Nachschlagen an sich ist schon eine gute Übung!) Wenn man ein Wort dreimal im Wörterbuch nachgeschlagen hat, weiß man meistens für immer, wie es geschrieben wird.

Durch den Gebrauch dieser Hilfsmittel sollte der Schüler lernen, seine Fehler selbst zu korrigieren und so für seine eigene Arbeit verantwortlich zu werden. Dabei wird an das Denken (das systematische Handhaben der Regeln) und das Wollen appelliert. Es erfordert Disziplin und Ausdauer, sich bei jedem Wort zu überlegen, welche Regeln angewendet werden müssen, und sich solange zu mühen, bis dieses Wort fehlerfrei auf dem Papier steht. Eines der wichtigsten Dinge, die man einem Legastheniker beibringen kann, ist, daß er seine Arbeit selbst korrigiert und selbst Lösungen für seine Probleme findet.

Besonders sollte sich der Schüler um eine deutliche Handschrift als Voraussetzung für das Erlernen der Rechtschreibung bemühen. Es gibt aber auch legasthenische Kinder, die wegen ihrer gestörten Feinmotorik nicht imstande sind, leserlich zu schreiben. Sie lernen am besten auf der Maschine schreiben.

Grammatik und Satzanalyse brauchen bei legasthenischen Schülern, die intelligent sind und Sprachgefühl besitzen, nicht zu Problemen zu führen. Bestimmte lese- und schreibschwache Schüler aber können sich zwar Dinge in Bildern vorstellen und haben dadurch einen guten praktischen Sinn und ein gutes räumliches Orientierungsvermögen, aber sie scheinen nicht «in Sprache zu denken», so daß sie nur mühsam die Grammatik erlernen.

Beim Grammatikunterricht in der Unterstufe ist es nicht in erster

Linie darum gegangen, daß die Kinder die gewöhnlichen Bezeichnungen für die Satzglieder und Wortarten lernen. Martin Tittmann drückt es folgendermaßen aus: «Nicht von außen her soll ein dem Kinde fremder Stoff in sein Gedächtnis einfiltriert werden, sondern die Kinder sollen bewußt erleben, welche Weisheit in dem verborgen liegt, was schon ihr eigenster, aber unerkannter Besitz ist.»[86] In der Oberstufe wird dieses Erleben die Grundlage bilden, auf der weiter aufgebaut wird. Jetzt sollte aber auch der Schritt zum denkenden Durchdringen vollzogen werden. Das heißt, daß sich die Schüler der Gesetzmäßigkeiten der Sprache bewußt werden und diese auch benennen können.

Bei (legasthenischen) Schülern, die wenig Zugang zur Sprache haben, wird es notwendig sein, immer wieder zum Grundlegenden zurückzukehren. Während des Unterrichts sollte sooft wie möglich von ihrem eigenen Sprachgebrauch ausgegangen werden. Der Lehrer wird sich Sätze ausdenken und die Struktur dieser Sätze anhand von Fragen erklären, wie: Welche Wörter gehören zueinander? Welche Satzteile können auch an einer anderen Stelle stehen? Welche Teile des Satzes ändern sich mit, wenn man einen bestimmten Teil ändert?

Wenn die Oberstufenschüler literarische Strömungen und verschiedene Stilrichtungen während der Sprachepochen studieren, merken sie, daß Sprache nicht nur in der Schule gelernt wird und mehr sein kann als «richtig» oder «falsch»! Es wird ihnen bewußt, daß Sprache ein *Mittel* ist, um Gefühle und Gedanken auszudrücken und so einen anderen Menschen zu erreichen.

Die Begeisterung, die entsteht, wenn der Lehrer und die Schüler sich gemeinsam mit der Sprache in all ihren Aspekten beschäftigen, wirkt ansteckend. Für Legastheniker ist das *die* Gelegenheit, um ihren Widerstand gegen alles, was mit Sprache zu tun hat, zu überwinden. Auch sie können ein Gedicht schreiben! Kurze, brüchige Sätze besitzen ihre eigene Schönheit.

Die Fremdsprachen und das Gedächtnis

Es dürfte klar sein, daß der Erwerb einer Fremdsprache für Legastheniker mehr Schwierigkeiten mit sich bringt als für andere Schüler. Nicht nur die Rechtschreibung, sondern auch das einfache Lernen von Vokabeln stellt manchmal ein besonders großes Problem dar.

Viele legasthenische Kinder können wegen ihres schlechten Kurzzeitgedächtnisses weniger Fakten behalten und überblicken als durchschnittlich begabte. In den meisten Fächern ist das kein unüberwindliches Hindernis, denn an der Waldorfschule lernt man selten etwas um seiner selbst willen auswendig. Wenn es dennoch gefordert wird, handelt es sich um Texte, deren Zusammenhang mit dem Unterrichtsstoff deutlich ist, zu denen der Schüler einen starken Bezug hat und die er deshalb leichter auswendig lernt (wie zum Beispiel den Inhalt des Epochenheftes für eine Klassenarbeit oder eine Theaterrolle). Bei den Fremdsprachen wird das Gedächtnis jedoch stark in Anspruch genommen, vor allem, wenn Vokabeln zu lernen sind.

Legasthenische Schüler können Vokabeln am besten lernen, wenn sie das Pensum aufteilen und jeden Tag nur einige Vokabeln üben. Zusätzlich zum übersetzten Begriff müssen sie die Rechtschreibung lernen; die Vokabelliste einige Male durchzulesen wird nicht genügen. Für den Schüler ist es eine große Hilfe, wenn die Vokabeln regelmäßig abgefragt werden. Für manche Legastheniker ist ein noch intensiveres Training ihres Gedächtnisses notwendig. Hierbei kann der Förderlehrer Hilfe leisten.

Kuipers und Weggelaar geben dazu einige Ratschläge:[87]

1. Sowohl Vokabeln als auch Grammatik übt man mit lese- und schreibschwachen Schülern am besten mündlich und fragt sie auch mündlich häufig ab.

2. Die Schüler sollten so oft wie möglich Fremdsprachen hören. So werden sie schneller mit den fremden Lauten vertraut.

3. Vokabeln können am besten in kleinen Portionen (nicht mehr als zehn bis fünfzehn Wörter auf einmal) gelernt und müssen oft wiederholt werden. Wenn die Schüler durch intensives Üben und mit viel Hilfe einen Wortschatz von hundert bis hundertfünfzig Wörtern erworben haben, lernen sie neue Wörter immer rascher.

4. Der Lehrer oder der Förderlehrer muß auf den Zusammenhang von Lauten und Buchstaben besonders achten (welche Buchstaben stehen für welche Laute?). Das kann man üben, indem man den Schüler Reihen von Wörtern mit gleichen Lauten lesen läßt. Außerdem ist es für ihn eine Hilfe, bestimmte Ausspracheregeln ausdrücklich zu lernen.

Die naturwissenschaftlichen Fächer

Die naturwissenschaftlichen Fächer bereiten den legasthenischen Schülern im allgemeinen keine größeren Schwierigkeiten als den anderen; manchen Legasthenikern fallen diese Fächer sogar ausgesprochen leicht. Allerdings steht ihnen ihre chaotische Arbeitsweise oft im Wege, durch die sie unnötige Fehler machen. Der Lehrer muß darauf achten, daß nicht nur das Heft, sondern auch die Notizzettel sauber und übersichtlich sind. Der Schüler wiederum muß sich immer die Zeit nehmen, um jede geschriebene Zahl zu überprüfen. Er könnte sich beispielsweise fragen: Muß es wirklich 57 oder nicht doch 75 heißen? Steht das Komma überall an der richtigen Stelle? Wenn man alle Zahlen laut ausspricht, dann fallen mögliche Fehler eher auf. Bei Textaufgaben tauchen wieder die üblichen Sprachprobleme auf. Aber mit einiger Hilfe sind auch diese zu bewältigen.

Die Abschlußprüfung

Wenn ein legasthenischer Schüler sich entschließt, an einer Abschlußprüfung teilzunehmen, sollte man folgendes gut überlegen:
1. Der Schüler braucht genügend Zeit, um sich vorzubereiten.
2. Er wählt am besten die Fächer, in denen er gut ist. Selbstverständlich muß dabei beachtet werden, welche Zugangsvoraussetzungen für eine möglicherweise geplante weitere Ausbildung oder ein Studium gelten.
3. Multiple-choice-Fragen sind für legasthenische Schüler schwieriger als für andere Schüler, weil dabei sehr genau gelesen werden muß. Das erfordert intensives vorbereitendes Üben.
4. Lese- und schreibschwache Schüler sollten eigentlich mehr Zeit für eine Prüfung zur Verfügung gestellt bekommen, damit sie noch die Möglichkeit haben, ihre Arbeit zu korrigieren.

Individuelle Betreuung und Therapien

Ein Mensch kann sein ganzes Leben lang Neues lernen und sogar Grundlegendes wie Sprache oder Bewegungsmuster noch ändern. Therapien, die auf die Motorik einwirken, wie sensomotorisches

Training, Bothmergymnastik, Heileurythmie oder Physiotherapie,[88] werden allerdings die grundlegenden Ursachen der Legasthenie nicht mehr unmittelbar erreichen können wie bei jüngeren Kindern. Dennoch kann die Arbeit an der Motorik mit legasthenischen Kindern in der Pubertät von entscheidender Bedeutung sein: Wenn ein Mensch seinen Körper besser ergreift, steht er auch anders in der Welt. Das «Instrument» selbst kann zwar nicht mehr geändert werden, aber der Heranwachsende kann durchaus noch lernen, damit besser umzugehen.

Vor allem mit Heileurythmie kann man bei legasthenischen Schülern, auch wenn sie schon in der Pubertät stehen, viel erreichen. Sie wirkt aber nur, wenn der Schüler motiviert und bereit ist, täglich zu üben. Es ist nicht einfach, ihn dazu zu bewegen. Bothmergymnastik (eine aus der Anthroposophie entwickelte Gymnastikform) wird vielleicht eher Anklang finden. Leider gibt es nur wenige Menschen, die diese Art der Gymnastik unterrichten können. Falls überhaupt Bothmergymnastik an einer Schule gelehrt wird, geschieht das mit der ganzen Klasse. Für legasthenische Schüler wäre es vermutlich wirksamer, wenn sie individuell oder in einer kleinen Gruppe üben könnten.

Schüler, die in der Unterstufe viel individuelle Betreuung und Therapie bekommen haben, werden in der Pubertät das damit verbundene «Getue» oft satt haben. Außerdem wird die Therapie auf Kosten anderer, attraktiverer Dinge durchgeführt, für die dann keine Zeit mehr übrigbleibt. Deswegen kann man auch nach anderen Bewegungsmöglichkeiten Ausschau halten: nach Sport oder einer Tanzart (Jazzballett, Volkstanz, Standardtanz oder Ausdruckstanz).

Außer der Motorik muß bei manchen legasthenischen Jugendlichen weiterhin die Wahrnehmungsfähigkeit geschult werden; das kann sowohl die visuelle als auch die auditive Wahrnehmung betreffen. Auch dabei kann man sich um eine Form bemühen, die den Schüler in der Pubertät anspricht. Das auditive Wahrnehmen kommt zum Beispiel gut zum Zuge, wenn der Schüler Musik macht, vor allem, wenn er gemeinsam mit anderen musiziert, während er die visuelle Wahrnehmung üben kann, indem er Gegenstände in der Natur abzeichnet oder Pflanzen und Tiere nicht in einem Buch, sondern draußen in der Natur studiert.

Fast alle Legastheniker brauchen auch in der Oberstufe Förderunterricht, um an den Ursachen der Lernprobleme zu arbeiten. Grundlegende Übungen der Konzentration, des Gedächtnisses, der Motorik, der Wahrnehmung und der räumlichen Orientierung kommen in Frage. Außerdem kann der Förderlehrer dem Schüler helfen, Wege zu finden, wie er sich den Lehrstoff am besten aneignet. Das kann zwar anhand der Hausaufgaben geübt werden, aber das eigentliche Ziel des Förderunterrichts wird im allgemeinen weiter reichen, als nur die Hausaufgaben zu betreuen.

Manche Schulen haben für die Oberstufe einen Förderlehrer. An Schulen, bei denen das nicht der Fall ist, werden die Eltern einen Förderlehrer außerhalb der Schule suchen müssen, und zwar jemanden, der die Waldorfpädagogik kennt oder wenigstens kennenlernen will.

Emotionale Probleme

Kinder, die in der Pubertät stehen, zu begleiten fällt den Eltern und dem Lehrer bisweilen schwer. Die Stimmung der Jugendlichen schlägt schnell um; sie haben es nicht immer leicht mit sich selbst. Obwohl sie die Erwachsenen eigentlich noch sehr stark brauchen, möchten sie doch am liebsten alles selbst bestimmen. In ihren Augen machen die Eltern oder der Lehrer schon von vornherein alles falsch.

Man wird darüber wachen müssen, daß der legasthenische Schüler durch die hohen Anforderungen, die die Schule stellt, emotional nicht in die Klemme kommt. Sobald die Schularbeiten erledigt sind, sollte er sich anderen Dingen widmen und sich genauso frei und unbekümmert wie seine Altersgenossen fühlen können. Deswegen sollten die Legastheniker zu relativieren lernen: Das Leben wird nicht nur durch Schulleistungen bestimmt; in der Welt gibt es außer der Schule noch vieles andere. Den meisten Jugendlichen braucht man das gar nicht zu erzählen; man muß sie eher vom Gegenteil überzeugen. Doch gibt es auch gewissenhafte, gründlich arbeitende Schüler, die ein wenig Relativitätsvermögen von Zeit zu Zeit gebrauchen können. In der Pubertät gibt es mehr zu lernen, als die Schule bietet; das erfährt man vor allem von und mit seinen Altersgenossen.

Emotionale Schwierigkeiten können in der Pubertät derart verstärkt auftreten, daß der Jugendliche darin zu ersticken droht und ernste psychische Probleme entstehen, die eine längere Behandlung erfordern. Das gilt natürlich nicht nur für Legastheniker, aber es ist nun einmal so, daß sie ihre ganze Schulzeit hindurch auf seelischem Gebiet mehr zu verarbeiten haben als ihre Mitschüler. Aus einer Untersuchung geht hervor, daß ein großer Teil der «aus der Bahn geworfenen» Jugendlichen (Jugendliche aus Randgruppen) legasthenisch ist.[89] Man kann vermuten, daß sie der Schule frühzeitig den Rücken gekehrt haben, weil ihre Probleme nicht erkannt wurden und ihnen keine angemessene Hilfe zuteil wurde. Um diesen «Entgleisungen» in der Pubertät zuvorzukommen, ist es wichtig, daß gegen mögliche Probleme, die mit der Legasthenie zusammenhängen (z. B. Versagensangst oder mangelndes Selbstvertrauen), vor dem vierzehnten Lebensjahr etwas unternommen wird. Falls die gewohnten Mittel, wie Ermutigung und Hinweise auf den erreichten Fortschritt, nicht genügen, muß therapeutische Hilfe eingesetzt werden.

In der Oberstufe will jeder Schüler ernst genommen werden. Deshalb muß der Lehrer den Legastheniker offen und ehrlich auf die Fehler und Unzulänglichkeiten seiner Arbeit hinweisen, gleichzeitig aber den Einsatz des Schülers anerkennen und bei der Beurteilung berücksichtigen (daher genügt eine Note allein als Beurteilung nicht).

Es ist nicht einfach, einer tiefsitzenden Angst vor dem Versagen in der richtigen Weise zu begegnen. Wenn der Lehrer den Eindruck hat, daß der Schüler während einer Prüfung durch Angstgefühle blockiert wurde, könnte er in einem Gespräch nach der Prüfung versuchen herauszufinden, was der Schüler nun tatsächlich weiß, und seine Beurteilung entsprechend anpassen. Weiß der Schüler von dieser Möglichkeit, wird er vielleicht das nächste Mal nicht mehr so aufgeregt sein.

Was können die Eltern tun?

Jugendliche in der Pubertät möchten unabhängig sein und das Leben in all seinen Aspekten selbst erfahren. Sie sind aber noch nicht imstande, die Konsequenzen ihrer Taten zu überblicken. Als Erzieher hat man die Aufgabe, den Heranwachsenden immer mehr loszulassen und auf die Selbständigkeit vorzubereiten, ihn aber gleichzeitig vor Situationen zu bewahren, die seine physische oder psychische Gesundheit bedrohen. Wenn Eltern verlangen, daß ihre Kinder abends rechtzeitig zu Hause sind, und sie vor Alkohol, Drogen und zwielichtigen Freunden warnen, spricht daraus diese elterliche Besorgtheit. An diesem Punkt gehen die Meinungen von Eltern und Jugendlichen oft auseinander – eine der häufigsten Quellen für Konflikte in der Familie.

Für Eltern von legasthenischen Kindern kommt noch ein Problem hinzu: Obwohl ihr Kind täglich Hilfe bei den Hausaufgaben braucht, muß es dennoch in steigendem Maße selbst für seine Hausaufgaben verantwortlich werden und Wege suchen, um seine Lernschwierigkeiten zu überwinden. Das stellt hohe Anforderungen an die Art und Weise der Betreuung. Im folgenden werden Anregungen gegeben, wie diese Hilfe geleistet werden kann, ohne allzu große Konflikte hervorzurufen.

In der Oberstufe ist der Schüler selbst für seine Hausaufgaben verantwortlich, und er wird auch am besten bestimmen können, wieviel Hilfe nötig ist. Der Lehrer, der die Hausaufgaben aufgibt, wird sie letztlich auch beurteilen und Maßnahmen ergreifen, falls bestimmte Aufgaben nicht oder nicht gut gemacht oder gelernt wurden. Die Eltern ihrerseits sollten den Lehrer dabei unterstützen und keine zusätzlichen Maßnahmen ergreifen oder eigene Beurteilungen abgeben. Das Anfertigen der Hausaufgaben darf nicht zum Machtstreit zwischen den Eltern und dem Jugendlichen werden. Wenn ein Schüler sich weigert, eine Arbeit (gut und schön) zu machen, dann wird er die Konsequenzen selbst tragen müssen. Die Eltern sollten folgende Haltung haben: «Ich bin immer bereit, dir zu helfen, aber letztlich bleiben es deine Hausaufgaben.» Ist der Schüler nicht mit den Hausaufgaben oder deren Beurteilung einverstanden, dann muß er das mit dem Lehrer selbst besprechen.

Klare Abmachungen mit dem Lehrer über die Beurteilung sind dabei Voraussetzung. Leider gibt es noch immer viele Lehrer, die sich nicht genügend vergegenwärtigen, wieviel Zeit ein Legastheniker für seine Hausaufgaben benötigt und welche Anstrengung ihn das kostet, und dadurch seine Arbeit zu streng beurteilen. Andere Lehrer wiederum sind nicht konsequent genug und ergreifen keine Strafmaßnahmen, wenn ein Schüler seine Arbeit nicht oder zu spät abliefert. Ein Jugendlicher in der Pubertät will ernst genommen werden und nicht das Gefühl haben, daß er als fünftes Rad am Wagen nur mitläuft. Gerade lese- und schreibschwache Schüler sind auf diesem Gebiet sehr empfindlich, und wenn Probleme mit der Beurteilung der Arbeit oder andersartige Probleme auftreten, sollten sie sich – wenn nötig selbstverständlich auch die Eltern – mit ihren Fragen an den Lehrer wenden.

Eine gute Zeiteinteilung ist für alle Legastheniker von großer Bedeutung. Einem Vierzehnjährigen wird das meistens noch nicht gelingen; er muß es erst allmählich lernen. Oft haben lese- und schreibschwache Schüler ein nur schlecht entwickeltes Zeitbewußtsein und können daher den Zeitraum einer ganzen Woche schwer überblicken. Man kann dem Jugendlichen helfen, indem man mit ihm zusammen einen Wochenplan aufstellt, in dem für jeden Tag angegeben wird, wann und wieviel Zeit für Hausaufgaben und wieviel für andere Aktivitäten zur Verfügung steht. Die Hausaufgaben können dann gleichmäßig auf die verfügbare Zeit verteilt werden; da legasthenische Schüler eine große Menge Lehrstoff nicht auf einmal aufnehmen können, ist es besser, wenn sie an mehreren Tagen jeweils fünfzehn bis dreißig Minuten für die Hausaufgaben verwenden.

Der Schüler muß sich also angewöhnen, mit seinen Hausaufgaben an dem Tag anzufangen, an dem sie aufgegeben werden, auch wenn sie erst eine Woche später fertig sein müssen. Das gilt sowohl für alle schriftlichen Arbeiten als auch für das, was gelernt werden muß. Am ersten Tag kann der Entwurf eines Textes für das Epochenheft geschrieben, am folgenden Tag selbst (oder wenn nötig mit Hilfe) korrigiert und am dritten Tag eingetragen werden. Wenn diese drei Schritte aber an einem Tag stattfinden, bleiben viele Fehler unbemerkt, und der Text wird, wenn er von einem übermüdeten Schüler ins reine geschrieben wird, ganz und gar nicht «rein».

Innerhalb der Zeitspanne, die für die Hausaufgaben zur Verfügung steht, müssen Lernen und schriftliche Arbeiten abwechselnd eingeplant werden. Man wird individuell schauen müssen, wie lange ein Kind ohne Pause arbeiten kann. Es ist besser, wenn zweimal dreißig bis fünfundvierzig Minuten als einmal eine Stunde gearbeitet wird. Wenn ein Schüler (zu) müde wird, hat es keinen Zweck weiterzumachen, denn er braucht dann für alles viel mehr Zeit und macht unnötige Fehler. Oft ist es vorzuziehen, wenn er am nächsten Tag eine halbe Stunde früher aufsteht.

Wenn sich herausstellt, daß ein Schüler generell zu viele Hausaufgaben hat, muß nach einer Lösung gesucht werden, denn nichts ist so ermüdend und entmutigend wie eine Arbeit, die nie fertig wird. Dann sollte mit den Lehrern besprochen werden, ob die Aufgabenmenge verringert werden kann. Der Schüler muß selbst entscheiden, ob es möglich ist, auf jede einzelne Aufgabe weniger Zeit zu verwenden und dementsprechend mit weniger guten Ergebnissen zufrieden zu sein, oder ob andere, außerschulische Aktivitäten fallengelassen werden müssen.

Auch manche Erwachsene könnten nicht die Selbstdisziplin aufbringen, die Legastheniker für ihre Hausaufgaben benötigen. Wichtig ist, daß die lese- und schreibschwachen Schüler allmählich lernen, ihre Zeit selbst einzuteilen. Während der ganzen Oberstufenzeit werden sie noch auf die Unterstützung und Ermutigung durch die Erwachsenen angewiesen sein. Die Erzieher werden sie immer wieder an die Abmachungen, die sie mit sich selbst getroffen haben, erinnern müssen.

Aus dem vorhergehenden wird deutlich, daß ein regelmäßiger Tages- und Wochenablauf mit festen Essenszeiten, mit genügend Schlaf und ohne unerwartete Ereignisse während der Woche für einen Legastheniker unentbehrlich sind. Dadurch aber genießt der Schüler wesentlich weniger Freiraum als seine Altersgenossen, was nicht immer leicht zu akzeptieren ist.

Deswegen ist es unbedingt notwendig, daß am Wochenende und in den Ferien Gelegenheit besteht, sich «auszutoben» und zu entspannen. Während der Ferien könnten die Kinder zum Beispiel nur die ersten Tage vormittags einige Stunden arbeiten und die übrigen Tage ganz frei haben. Selbstverständlich wird die Planung für jeden anders aussehen, denn es gibt nun einmal «Morgen-» und «Abendmenschen».

Für die Eltern tritt oft das Problem auf, daß die Kinder im Unterricht Dinge lernen, die sie selbst in der Schule nicht gelernt haben. Das braucht kein Hindernis zu sein, denn gemeinsam werden Eltern und Kind die Arbeit meistens dennoch erledigen können. Es kann für einen legasthenischen Schüler einmal eine gute Erfahrung sein, wenn er bemerkt, daß der Vater oder die Mutter auch nicht alles wissen. Wenn die Eltern in bestimmten Fächern ihrem Sohn oder ihrer Tochter die notwendige Hilfe wirklich nicht mehr geben können, dann sollten sie jemanden suchen, der diese Betreuung übernimmt. Das kann der das betreffende Fach unterrichtende Lehrer, ein Förderlehrer oder ein Bekannter sein, der bereit ist, ab und zu einzuspringen.

Die Erfahrung lehrt, daß die Eltern ihrem Sohn oder ihrer Tochter neben der Hilfe bei den Hausaufgaben nicht auch noch Nachhilfeunterricht erteilten sollten, also nicht auf eigene Faust bestimmte Dinge mit dem Kind üben sollten. Das ruft oft den Widerstand des Schülers hervor; außerdem besteht die Gefahr, daß der Lehrstoff gerade nicht so erklärt wird wie in der Schule, was nur Verwirrung stiften kann. Schließlich sollte der Schüler in der Zeit, in der keine Hausaufgaben gemacht werden, wirklich entspannen und die Schule vergessen können.

Wenn der Heranwachsende die Hilfe der Eltern nicht akzeptiert oder die Zusammenarbeit zu wiederholten Konflikten führt (was in der Pubertät sehr wohl möglich ist), sollten die Eltern jemanden außerhalb der Familie für die Hausaufgabenbetreuung suchen. An manchen Schulen wird Hausaufgabenbetreuung angeboten, zu der die Schüler täglich nach dem Unterricht hingehen können. Aber leider ist diese Hilfe nur selten speziell auf die Arbeit mit legasthenischen Kindern ausgerichtet. Nur die Erfahrung kann zeigen, ob der Schüler dort tatsächlich eine angemessene Hilfe bekommt.

Auch wenn Hilfe von auswärts vorhanden ist, stellt die Betreuung eines legasthenischen Kindes immer noch hohe Ansprüche an die Eltern. In einer Familie mit mehreren Kindern kann man besondere Betreuung nicht immer als selbstverständlich erwarten. Aber ohne diese zusätzliche Hilfe zu Hause werden die meisten legasthenischen Schüler in der Oberstufe nicht mitkommen.

«Damit leben lernen» ist die einzige Heilung, die bei Legasthenikern möglich ist. Das hört sich zwar drastisch an, aber die meisten Legastheniker können mit den letzten Resten ihrer Legasthenie (schlechte Rechtschreibung, langsames oder ungenaues Lesen) hervorragend umgehen. Wenn man nicht mehr zur Schule geht, dann ist die Legasthenie kein lästiges «Handikap» mehr, sondern höchstens eine «schwache Seite», und seine schwachen Seiten hat doch jeder. Wenn man nicht gerade im Zirkus arbeitet, ist es nicht schlimm, nicht seiltanzen zu können.

Eine breitere Perspektive zum Abschluß

Auch wenn man weiß, was Legasthenie ist und wo ihre Ursachen liegen, bleiben doch viele Fragen unbeantwortet: Warum ist gerade *dieses* Kind legasthenisch? Was bedeutet das für seinen Lebenslauf? Warum tritt Legasthenie heute vermehrt auf? Spricht sich darin etwas über unsere Zeit aus?

Obwohl wir diese Fragen nicht in ihrem vollen Umfang beantworten können, werden wir doch versuchen, solche Rätsel zu ergründen, sonst bleibt Legasthenie nur ein sinnloser, aber lästiger «partieller Defekt». Sie ist jedoch keineswegs sinnlos, nicht für das Kind selbst und auch nicht für seine Umgebung.

Warum ist dieses Kind legasthenisch?

Wenn man die Entwicklung eines Menschen aus anthroposophischer Sicht anschaut, dann geht man davon aus, daß sich das Ich bei der Konzeption mit einem bestimmten Erbstrom verbindet.[90] Dadurch, daß das Kind bei bestimmten Eltern geboren wird, hat es auch ein «Bündel» vererbter Besonderheiten mit auf den Weg bekommen: Eigenschaften, Talente, Krankheiten und Unzulänglichkeiten – und vielleicht auch Legasthenie. Aber das bedeutet nicht, daß man daran nichts ändern kann. Das Ich kann sich nämlich mit dieser Erbmasse auseinandersetzen, sie umarbeiten und überwinden oder ihr auf jeden Fall eine eigene Färbung geben. Gerade unser Ich hat alle oder einen Teil dieser Eigenschaften ausgewählt, um sich daran zu entwickeln.

Unter diesem Gesichtspunkt ist Legasthenie also kein «Zufall». Das Kind ist nicht legasthenisch, weil die Eltern es sind (denn nicht alle Kinder innerhalb einer Familie sind legasthenisch). Warum dann gerade dieses Kind? Eine solche Frage kann für jeden Menschen nur individuell beantwortet werden. Vielleicht wird die Antwort erst am Ende seines Lebens deutlich werden.

Wenn man aus einer solchen Perspektive heraus das Kind anschaut, dann ist die Legasthenie also keine «Behinderung» mehr, sondern wird Teil einer Persönlichkeit und mitbestimmend für den Weg, den das Kind gehen wird. Manchmal kann man sogar beobachten (oder ahnen), was die Legasthenie für die Entwicklung des Kindes im positiven Sinn bedeutet.

Der kleine Mark, der im ersten Kapitel beschrieben wurde, baut, wenn er aus der Schule kommt, mit seinen Klötzen ganze Städte und läßt eine reiche Phantasiewelt entstehen. Würde er auch auf eine solche Weise spielen, wenn er lesen könnte? Oder würde er sich dann nur noch in seinen Büchern vergraben? Mark hat die Phantasiekräfte aus seiner Kindergartenzeit bewahren können, die manche Kinder in seinem Alter schon ganz verloren haben. Vielleicht bewahrt ihn das später vor den Einseitigkeiten des intellektuellen Denkens.

Die Legasthenie kann noch in einem anderen Bereich positiv zur Entwicklung beitragen: Wer mit legasthenischen Kindern arbeitet, ist von ihrer enormen Ausdauer beeindruckt. Jahr für Jahr schuften sie, um vorwärtszukommen. Die Willenskraft und das Durchhaltevermögen, die sie dadurch entwickeln, können in ihrem weiteren Leben zu einer wichtigen Stütze werden, und zwar auch in Bereichen, in denen es nicht um Lesen oder Schreiben geht. Aber noch andere Bereiche der menschlichen Biographie werden durch eine Legasthenie beeinflußt: Begegnungen, die man hat, der Beruf, den man ausübt. Als ein roter Faden durch das ganze Leben zieht sich oft das Ringen um das, was man erreichen will.

Legasthenisch-Sein bedeutet nicht nur, daß man allerlei nicht kann, sondern es bedeutet auch, daß man auf bestimmten Gebieten Begabungen hat: Eine lebendige Vorstellung, ein gutes visuell-räumliches Gedächtnis und die Fähigkeit, gut «mit den Händen denken» zu können, sind wertvolle Eigenschaften, die in manchem Beruf willkommen sind.

Wenn Eltern über die Zukunft ihres legasthenischen Kindes nachdenken, werden sie vielleicht zuerst an all das denken, was das Kind *nicht* erreichen wird, an den mühsamen Weg, der noch vor ihm liegt, und an die vielen Enttäuschungen. Aber trägt nicht jede Schwierigkeit zugleich die Möglichkeit in sich, neue Fähigkeiten zu entwickeln?

Warum nimmt die Legasthenie heutzutage zu?

Warum nimmt die Legasthenie immer mehr zu? Weil sie jetzt schneller und besser erkannt wird? Weil das Niveau des heutigen Unterrichts höher liegt und jeder Mensch fortgeschrittenen Unterricht haben kann? Darin liegt sicher ein Teil der Erklärung. Aber auch das Verschwinden der Kinderspiele, des Spielraums und der sichtbaren nachahmenswerten Arbeit spielt hierbei eine Rolle.

Weil legasthenische Kinder so empfindsam sind, reagieren sie stark auf alles, was einer gesunden kindlichen Entwicklung im Wege steht. Das Einführen des Lesen- und Schreibenlernens im Kindergarten, die künstlichen Zusätze in der Nahrung, ein Übermaß an visuellen und auditiven Reizen und zuwenig Spielraum sind wahrscheinlich für alle Kinder eine Belastung. Legasthenische Kinder aber reagieren auf diese Belastung so stark, daß wir gezwungen werden, Maßnahmen zu ergreifen. Vielleicht sollte man diese Maßnahmen auf alle Kinder ausdehnen?

Aber sagt die steigende Zahl der legasthenischen Kinder nicht noch mehr aus über unsere Zeit? Durch allerlei technische Errungenschaften werden Schreiben und Lesen immer überflüssiger: Informationen bekommt man über Rundfunk und Fernsehen, Direktoren brauchen ihre Handschrift nur noch zum Unterschreiben, denn alles übrige diktieren sie ihrer Sekretärin über das Diktiergerät. Man versucht schon lange, Computer zu bauen, die den auf Band gesprochenen Text unmittelbar in Schrift umsetzen können. Unsere Kontakte mit Behörden und fernen Freunden laufen zum größten Teil über das Telefon. Wie oft schreibt man noch einen Brief? Lesen und Schreiben sind zu langsam, um mit dem Tempo unserer Zeit Schritt zu halten. Ist es nicht gerade diese Entwicklung der zunehmenden Beschleunigung und des immer größer werdenden Zeitmangels, die jedes legasthenische Kind als «Last» empfindet?

In dem Jugendbuch *Turmhoch und meilenweit* beschreibt Tonke Dragt eine Zukunft, in der nicht mehr gelesen wird.[91] Alle Bücher sind auf Tonband gespeichert; man «hört sich ein Buch an». Wird es eine Zeit geben, in der Kinder nicht mehr lesen und schreiben lernen werden? Sind Legastheniker dieser Entwicklung voraus? Ist Legasthenie ein Vorbote einer zukünftigen Entwicklung oder im Gegenteil ein Überrest aus früherer Zeit? Das Denken in Bildern ist eine Qualität, die mehr und mehr verlorenzugehen scheint. Sind legasthenische Kinder die Hüter dieser Gabe, die wir zu verlieren drohen?

Auf jeden Fall fordern legasthenische Kinder uns auf, Fragen zu stellen: Fragen nach der Selbstverständlichkeit, mit der Lesen und Schreiben gelernt werden muß, Fragen nach der Qualität der Umgebung, die wir unseren Kindern heutzutage bieten, und Fragen nach dem Rätsel der menschlichen Entwicklung.

Anmerkungen

1 Siehe C. Kuipers und C. Weggelaar, *Woordblindheid*, s-Gravenhage 1981, S. 26.

2 Johanna Behrens, Zum Problem der Legasthenie, in: *Erziehunskunst* 9/1975, S. 452 ff; R. Braumiller, Der Gleichgewichtssinn und die Legasthenie, in: *Erziehungskunst* 6/1975, S. 313 ff.; Hermann Hoffmeister, Zahnärztliches zur Legasthenie und zum Zahnwechsel, in: *Erziehungskunst* 11/1977, S. 589 ff.; Walter Holtzapfel, Legasthenie und Zahnwechsel, in: *Erziehungskunst* 12/1977, S. 644 ff.; Michaela Glöckler, Gibt es legasthenische Kinder an der Waldorfschule?, in: *Erziehungskunst* 9/1988, S. 585 ff.

3 Deutsche Ausgabe: Audrey E. McAllen, *Die Extrastunde. Zeichen- und Bewegungsübungen für Kinder mit Schwierigkeiten im Schreiben, Lesen und Rechnen*, Stuttgart 1996.

4 Siehe C. Kuipers und C. Weggelaar, *Behandeling van woordblindheid*, 's-Gravenhage 1983.

5 *Het tweede-klas-onderzoek* und *Achtergronden van het tweede-klas-onderzoek*, hrsg. vom «Landelijke Schoolbegeleidingsdienst voor het Vrije Schoolonderwijs».

6 Siehe dazu Hans Müller-Wiedemann, *Mitte der Kindheit. Das neunte bis zwölfte Lebensjahr*, Stuttgart ⁴1993.

7 Siehe C. Kuipers und C. Weggelaar, *Behandeling van woordblindheid*, a.a.O. (Anm. 4).

8 J. Salamy u.a., Physiological changes in hyperactive children followin the ingestion of food additives, in: *International Journal of Neuroscience*, Nr. 16, 1982.

9 J. J. Dumont, *Dyslexie. Theorie, diagnostiek, behandeling*, Rotterdam 1990.

10 C. Kuipers und C. Weggelaar, *Behandeling van woordblindheid*, a.a.O. (Anm. 4).

11 Walter Holtzapfel, *Legasthenie – ein Zeitproblem*. Soziale Hygiene Nr. 28, Bad Liebenzell.

12 Audrey Mc Allen, *Die Extrastunde*, a.a.O. (Anm. 3).

13 M. Glöckler, Gibt es legasthenische Kinder an der Waldorfschule?, a.a.O. (Anm. 2).

14 J. Dumont stützt sich hierbei auf die Untersuchungen von N. Geschwind und A.M. Galaburda (1962 bis 1966).

15 J. Dumont, *Dyslexie*, a.a.O. (Anm. 9).

16 Ebd., S. 137.

17 In: *Trouw* am 29.9.1979.

18 C. Kuipers und C. Weggelaar, *Behandeling van woordblindheid*, a.a.O. (Anm. 4); und dies., *Woordblinde kinderen*, 's-Gravenhage 1986.

19 C. Kuipers und C. Weggelaar, *Woordblindheid*, a.a.O. (Anm. 1), S. 28 ff.

20 C. Kuipers und C. Weggelaar, *Woordblinde kinderen*, a.a.O. (Anm. 18), S. 24.

21 Nach Untersuchungen von Johnson und Mykleburt.

22 D. J. Bakker, Hemisfeer – specifieke dyslexie modellen in therapeutisch perspectif, in: J. de Wit u.a., *Psychologie over het Kind*, VI.

23 Siehe J. Dumont, *Dyslexie*, a.a.O. (Anm. 9), Kap.: Het balansmodel von D. J. Bakker.

24 P. Mesker, *De menselijke hand*; P. Mesker, J. Hofhuizen-Hagemeyer, *Kunnen en niet kunnen. Begrip en functie in de orthodidactiek*, Assen ²1981.

25 Siehe Karl König, *Die ersten drei Jahre des Kindes*, Stuttgart ⁹1994.

26 P. Mesker, J. Hofhuizen-Hagemeyer, *Kunnen en niet kunnen*, a.a.O. (Anm. 24), S. 69.

27 Mit dem Begriff «Phase» wird eine Periode bezeichnet, in der eine bestimmte Bewegungsform am deutlichsten in den Vordergrund gerückt ist. Oft ist der erste Ansatz schon einige Zeit vorher zu finden und führt noch in die nächste Phase hinein, wobei die Bewegungsmöglichkeit in die darauffolgenden Bewegungsmuster integriert wird.

28 Rudolf Steiner, *Heilpädagogischer Kurs*, Gesamtausgabe Bibl.-Nr. (= GA) 317, Dornach ³1987, S. 29.

29 Zitiert nach Rudolf Steiner, *Theosophie*, GA 9, Dornach ³¹1987.

30 Siehe Wolfgang Schad, Zahnwechsel und Schulreife, in: *Erziehungskunst* 11/1977, S. 592 ff.

31 In seinem Artikel «Legasthenie – ein Zeitproblem» (Anm. 2) geht Holtzapfel davon aus, daß die Lebenskräfte nicht nur nach rechts und links symmetrisch wirken, sondern auch nach oben und unten. Diese vierseitige Symmetrie zwischen rechts und links, oben und unten kann man in der Art beobachten, wie die Zähne angeordnet sind. H. Höfle («Die Ursache der Legasthenie wurzelt im Seelischen», in: *Erziehungskunst* 11/1977, S. 592) argumentiert aber, daß die Zähne (und auch alle anderen Organe), wenn man sie richtig anschaut, nicht *vierseitig*, sondern *zweiseitig* symmetrisch sind. Höfle sieht die vierseitige Symmetrie also nicht als ein Kennzeichen

für die Wirkung der Lebenskräfte, denn auch in der Pflanzenwelt tritt diese nicht oder kaum auf.

32 Audrey McAllen, *Ontwikkeling van het kind in de eerste zevenjaarsperiode als basis voor het leren*, Vortrag, gehalten in Brugge im Mai 1987.

33 Audrey McAllen, The physical body as archetype of man's spiritual being, in: *Bulletin of the remedial search group*, 1/1984; dies., Child study and assessment, in: *Bulletin of the remedial search group*, 3/1984.

34 Rudolf Steiner, Von den drei Grundkräften der Erziehung, in: *Erziehung und Unterricht aus Menschenerkenntnis*, GA 302a, Dornach ⁴1993.

35 Karl König, *Die ersten drei Jahre des Kindes*, a.a.O. (Anm. 25).

36 Audrey McAllen, *Die Extrastunde*, a.a.O. (Anm. 3).

37 Dies ist ein Teil des sog. «spot check», entwickelt durch Audrey McAllen.

38 Siehe Audrey McAllen, Dominance and midline, in: *Bulletin of the remedial search group*, 10/1984.

39 Siehe hierfür auch das Kapitel «Ansätze für die Behandlung», S. 65 ff.

40 Auf S. 68 ff. wird darauf näher eingegangen werden.

41 Michaela Glöckler, Gibt es legasthenische Kinder an der Waldorfschule?, in: *Erziehungskunst* 9/1988, S. 585 ff.

42 Rudolf Steiner, Das Wesen der Krankheitsformen, in: *Geisteswissenschaftliche Menschenkunde*, GA 107, Dornach ⁵1988.

43 Rudolf Steiner, *Die Geheimwissenschaft im Umriß*, GA 13, Dornach ³⁰1989.

44 Audrey McAllen, *Die Extrastunde*, a.a.O. (Anm. 3).

45 C. Kuipers und C. Weggelaar, *Behandeling van woordblindheid*, a.a.O. (Anm. 4).

46 J. Dumont, *Lees- en spellingsproblemen. Dyslexie, dys-orthografie en woordblindheid*, Rotterdam 1984.

47 J. Dumont, *Dyslexie*, a.a.O. (Anm. 9).

48 Audrey McAllen, *Die Extrastunde*, a.a.O. (Anm. 3), S. 27.

49 Siehe dazu Rudolf Steiner, Die Erziehung des Kindes vom Gesichtspunkte der Geisteswissenschaft, in: *Lucifer-Gnosis. Grundlegende Aufsätze zur Anthroposophie und Berichte aus den Zeitschriften «Luzifer» und «Lucifer-Gnosis» 1903 – 1908*, GA 34, Dornach ²1987, S. 324 f.

50 Siehe ebd., S. 328.

51 Linkshandige sterft vroeger, *NRC-Handelsblad*, 28.2.1991.

52 Audrey McAllen, Dominance and Midline, a.a.O. (Anm. 38).

53 Karl König, *Die ersten drei Jahre des Kindes*, a.a.O. (Anm. 25), S. 53.

54 Siehe Rudolf Steiner, *Anthroposophische Menschenkunde und Pädagogik*, Vortrag vom 26.3.1923, GA 304a, Dornach 1979.

55 Siehe B.C.J. Lievegoed, *Entwicklungsphasen des Kindes*, Stuttgart ⁵1990.

56 Siehe ebd.

57 Überall, wo «Kindergärtnerin» steht, ist natürlich auch der Kindergärtner gemeint.
58 Siehe auch S. 77 f.
59 Siehe B. C. J. Lievegoed, *Entwicklungsphasen des Kindes,* a.a.O. (Anm. 55).
60 Vereinzelt kommt es vor, daß Kinder, die zurückgestellt wurden, später in der Pubertät ihrer Gruppe entwachsen sind und dann darunter leiden.
61 C. M. Biewenga Booij u.a., *Dyslexie en prismabril, het visuelle systeem en zijn betekenis bij lees – en spellingsproblemen.* Bericht von einer Zusammenkunft von Optologen mit Heilpädagogen und Therapeuten am 12.3.1986.
62 Siehe Landelijke Schoolbegeleidingsdienst voor het Vrije Schoolonderwijs, *Invoeringsprogramma tweede-klas-onderzoek* und *Achtergronden van het tweede-klas-onderzoek.*
63 In Ausnahmen kann ein legasthenisches Kind bei der Zweitklaßuntersuchung auch einmal nicht auffallen. Bei diesem Kind werden die Probleme ausschließlich beim Lesen und Schreiben auftreten.
64 Zur Behandlung dieser Störungen siehe Seite 113 – 122.
65 Auf S. 104 ff. wird beschrieben, wie man Kindern während des Unterrichts individuelle Übungen geben kann.
66 Hiermit sind Kinder gemeint, die stark in der Umgebung leben und verletzlich sind. Dieses konstitutionelle Bild wird ausführlich beschrieben in: Walter Holtzapfel, *Seelenpflegebedürftige Kinder, Zur Heilpädagogik Rudolf Steiners,* Dornach.
67 Siehe Rudolf Steiner, *Allgemeine Menschenkunde als Grundlage der Pädagogik,* GA 293, Dornach [9]1992.
68 Wenn bei den beschriebenen Übungen nicht angegeben ist, woher sie stammen, dann sind es solche, die in Waldorfklassen angewendet und unter den Kollegen weitergegeben werden. Das gilt auch für die Übungen, die in den folgenden Abschnitten beschrieben werden.
69 Aus Audrey McAllen, *Die Extrastunde,* a.a.O. (Anm. 3).
70 Mary Nash-Wortham, *Take time,* 1979; und Jean Hunt, *Move in time,* 1984.
71 Siehe R. de Groot und C. J. Paagman, *Leervorwarden. Een orthopedagogisch-didactische benaderingswijze van kinderen met leermoeilijkheden,* Groningen 1982.
72 Es gibt Bücherserien, die speziell auf leseschwache Kinder abgestimmt sind: Sie enthalten schöne oder spannende Geschichten für verschiedene Altersstufen; sie sind in kurzen Sätzen und mit einfachen Worten geschrieben.
73 Siehe C. Kuipers und C. Weggelaar, *Behandeling van woordblindheid,* a.a.O. (Anm. 4).

74 Sieben Prozent der Erwachsenen sind mehr oder weniger linkshändig; sieben Prozent sind beidhändig. Bei legasthenischen Kindern liegt der Anteil erheblich höher (siehe J. Dumont, *Dyslexie*, Rotterdam 1990).

75 Bei 97 Prozent der Menschen ist das Sprachzentrum in der linken Gehirnhälfte lokalisiert. Die rechte Hand wird aus der linken Gehirnhemisphäre gesteuert, die linke Hand aus der rechten.

76 Die Beispiele sind entnommen aus R. de Groot und C. P. Paagman, *Leervorwaarden*, a.a.O. (Anm. 71).

77 In dem Buch von Erika Dühnfort und Ernst-Michael Kranich, *Der Anfangsunterricht im Schreiben und Lesen in seiner Bedeutung für das Lernen und die Entwicklung des Kindes*, Stuttgart ⁴1991, wird ausführlich beschrieben, wie Kinder an der Waldorfschule schreiben und lesen lernen.

78 Siehe auch S. 104 ff.

79 Wenn ein Kind ernste Sprachprobleme hat, soll man sich selbstverständlich an einen Logopäden wenden.

80 S. Albrecht u.a., *Van verhaal tot taal*, Driebergen 1985.

81 Einen Überblick über den Grammatikunterricht an Waldorfschulen gibt das Buch von Erika Dühnfort, *Der Sprachbau als Kunstwerk. Grammatik im Rahmen der Waldorfpädagogik*, Stuttgart ²1987. Siehe auch Martin Tittmann, *Deutsche Sprachlehre der Volksschulzeit. Menschenkundlich begründet nach Anregungen von Rudolf Steiner*, Stuttgart ⁴1988.

82 Siehe C. den Dulk und R. van Goor, *Inleiding in de orthodidaktiek en in de remedial teaching van het dyslectische kind*, Nijkerk 1974.

83 Aus: Martin Tittmann, *Deutsche Sprachlehre der Volksschulzeit*, a.a.O. (Anm. 81). In *Entwicklungsphasen des Kindes* (siehe Anm. 55) beschreibt B. Lievegoed diese Perioden ausführlich. Er hat aber einen anderen Ausgangspunkt: Die erste Periode nennt er die des Denkens, die zweite die des Fühlens und schließlich die dritte die des Wollens.

84 Für die Oberstufe sind dies: Heinz Damm, *Rechtschreibtest. Schulleistungstest für 8. und höhere Klassen*, Weinheim 1965; sowie Hans Anger, Rolf Bargmann und Martin Voigt, *Verständiges Lesen. Schulleistungs- und Begabungstest für 7. bis 9. Klassen*, Weinheim 1965.

85 C. Kuipers und C. Weggelaar, *Behandeling van woordblindheid*, a.a.O. (Anm. 4).

86 Martin Tittmann, *Deutsche Sprachlehre der Volksschulzeit*, a.a.O. (Anm. 81), S. 21.

87 C. Kuipers und C. Weggelaar, *Behandeling van woordblindheid*, a.a.O. (Anm. 4); und dies., *Woordblinde kinderen*, a.a.O. (Anm. 18).

88 Auf Seite 133 f. wurde beschrieben, was sensomotorisches Training und Heileurythmie beinhalten und wie sie wirken.

89 Siehe C. Kuipers und C. Weggelaar, *Woordblindheid*, a.a.O. (Anm. 1).

90 Siehe dazu etwa Rudolf Steiner, *Theosophie. Einführung in übersinnliche Welterkenntnis und Menschenbestimmung*, GA 9, Dornach ³¹1987.

91 Tonke Dragt, *Turmhoch und meilenweit. Ein Zukunftsroman*, Stuttgart 1995.

Literatur

S. Albrecht u.a., *Van verhaal tot taal*, Driebergen 1985.

A. E. McAllen, *Die Extrastunde. Zeichen- und Bewegungsübungen für Kinder mit Schwierigkeiten im Schreiben, Lesen und Rechnen*, Stuttgart 1996 (original: The extra lesson, London 1980).

–, The physical body as archetype of man's spiritual being, in: *Bulletin of the remedial search group*, 1/1984.

–, Child study and assessment, in: *Bulletin of the remedial search group*, 3/1984.

–, *Ontwikkeling van het kind in de eerste zevenjaarsperiode als basis voor het leren*, Vortrag, gehalten in Brugge im Mai 1987.

–, Dominance and midline, in: *Bulletin of the remedial search group*, 10/1984.

D. J. Bakker, Hemisfeer – specifieke dyslexiemodellen in therapeutisch perspektief, in: J. de Wit u.a., *Psychologen over het kind. Deel IV*, Groningen 1979.

J. Behrens, Zum Problem der Legasthenie, in: *Erziehunskunst* 9/1975, S. 452 ff.

R. Braumiller, Der Gleichgewichtssinn und die Legasthenie, in: *Erziehungskunst* 6/1975, S. 313 ff.

C. den Dulk und R. van Goor, *Inleiding in de orthodidaktiek en in de remedial teaching van het dyslectische kind*, Nijkerk 1974.

J. Dumont, *Lees- en spellingsproblemen. Dyslexie, dys-orthografie en woordblindheid*, Rotterdam 1984.

–, *Dyslexie. Theorie, diagnostiek, behandeling*, Rotterdam 1990.

N. Glas, Gefährdung und Heilung der Sinne, Stuttgart ³1984.

M. Glöckler, Gibt es legasthenische Kinder an der Waldorfschule?, in: *Erziehungskunst* 9/1988, S. 585 ff.

R. de Groot und C.J. Paagman, *Leervorwarden. Een orthopedagogisch-didactische benaderingswijze van kinderen met leermoeilijkheden*, Groningen 1982.

R. Grosse, *Rat und Tat für die Erziehung*, Dornach 1980.

H. Hoffmeister, Zahnärztliches zur Legasthenie und zum Zahnwechsel, in: *Erziehungskunst* 11/1977, S. 589 ff.

H. Höfle, Die Ursache der Legasthenie wurzelt im Seelischen, in: *Erziehungs-kunst*, 11/1977, S. 592.

W. Holtzapfel, *Seelenpflegebedürftige Kinder. Zur Heilpädagogik Rudolf Steiners*, 2 Bde., Dornach ⁴1990 u. ²1985.

–, Legasthenie und Zahnwechsel, in: *Erziehungskunst* 12/1977, S. 644 ff.

K. König, *Die ersten drei Jahre des Kindes. Erwerb des aufrechten Ganges, Erlernen der Muttersprache, Erwachen des Denkens*, Stuttgart ⁹1994.

C. Kuipers und C. Weggelaar, *Woordblindheid*, 's-Gravenhage 1981.

–, *Behandeling van woordblindheid*, 's-Gravenhage 1983.

–, *Woordblinde kinderen*, 's-Gravenhage 1986.

Landelijke Schoolbegeleidingsdienst voor het Vrije Schoolonderwijs (Hrsg.), *Het tweede-klas-onderzoek*, Driebergen 1989.

–, *Achtergronden van het tweede-klas-onderzoek*, Driebergen 1989.

B. C. J. Lievegoed, *Entwicklungsphasen des Kindes*, Stuttgart ⁵1990.

N. Lievegoed-Schatborn, Opvoeding van de wil, in: J. Klaasen (red.), *De kleuter in de gevarenzone. Kleuteronderwijs ter discussie*, Zeist 1982.

P. Mesker und J. Hofhuizen-Hagemeyer, *Kunnen en niet kunnen. Begrip en functie in de orthodidactiek*, Assen ²1981.

H. Müller-Wiedemann, *Mitte der Kindheit. Das neunte bis zwölfte Lebensjahr*, Stuttgart ⁴1993.

M. Nash-Wortham und J. Hunt, *Stap voor stap. Oefeningen voor kinderen met spraak-, lees-, schrijf- en concentratieproblemen*, Zeist 1987.

A. Nieuwenbroek, *Dyslexie, wat nu?*, Nijmegen 1991.

A. Nieuwenbroek und Jos de Vries, *Dyslexie in de les*, Nijmegen 1991.

J. Salamy u.a., Physiological changes in hyperactive children following the ingestion of food additives, in: *International Journal of Neuroscience*, Nr. 16, 1982.

W. Schad, Zahnwechsel und Schulreife, in: *Erziehungskunst*, 11/1977, S. 592 ff.

R. Steiner, *Allgemeine Menschenkunde als Grundlage der Pädagogik*, GA 293, Dornach ⁹1992.

–, Die Erziehung des Kindes vom Gesichtspunkte der Geisteswissenschaft, in: *Lucifer-Gnosis. Grundlegende Aufsätze zur Anthroposophie und Berichte aus den Zeitschriften «Luzifer» und «Lucifer-Gnosis» 1903 – 1908*, GA 34, Dornach ²1987.

–, Die Geheimwissenschaft im Umriß, GA 13, Dornach ³⁰1989.

–, *Heilpädagogischer Kurs*, GA 317, Dornach ³1987.

–, Pädagogik und Moral, in: *Anthroposophische Menschenkunde und Pädagogik*, GA 304a, Dornach 1979.

–, *Theosophie. Einführung in übersinnliche Welterkenntnis und Menschenbestimmung*, GA 9, Dornach ³¹1987.

– , Von den drei Grundkräften der Erziehung, in: *Erziehung und Unterricht aus Menschenerkenntnis*, GA 302a, Dornach ⁴1993.

– , Das Wesen der Krankheitsformen, in: *Geisteswissenschaftliche Menschen-kunde*, GA 107, Dornach ⁵1988.

Martin Tittmann, *Deutsche Sprachlehre der Volksschulzeit. Menschenkundlich begründet nach Anregungen von Rudolf Steiner*, Stuttgart ⁴1988.

Vrije School de IJsel, *Bijvoorbeeld – beeld voorbij. Taalonderwijs op een Vrije School*, Zutphen 1983.

«Menschenkunde und Erziehung»

Schriften der Pädagogischen Forschungsstelle
beim Bund der Freien Waldorfschulen

Verlag Freies Geistesleben

«Menschenkunde und Erziehung»
Schriften der Pädagogischen Forschungsstelle
beim Bund der Freien Waldorfschulen

Verlag Freies Geistesleben

*Zwei grundlegende Bücher zum Verständnis
der kindlichen Entwicklung*

HENNING KÖHLER

Von ängstlichen, traurigen und unruhigen Kindern

*Grundlagen einer spirituellen Erziehungspraxis
154 Seiten, gebunden*

Henning Köhler wird in seiner Praxis immer wieder mit Erziehungsfragen und -problemen konfrontiert. In seinem neuesten Buch wendet er sich einer brennenden Problematik zu: dem ängstlichen und unruhigen Kind. Dabei macht er die Eltern und Erzieher darauf aufmerksam, daß solche Entwicklungsstörungen in einem ungesunden Verhältnis des Kindes zu seiner Leiblichkeit begründet liegen. Köhler gibt hier hilfreiche Ratschläge, wie Eltern und Erzieher dem Kind zu einem gesunden Verhältnis zu seiner Leiblichkeit verhelfen können.

HANS MÜLLER-WIEDEMANN

Mitte der Kindheit

*Das neunte bis zwölfte Lebensjahr. Beiträge zu einer
anthroposophischen Entwicklungspsychologie
338 Seiten, gebunden*

Eine Fülle neuer Gedanken regt zur Besinnung auf die eigene Biographie und die Beziehung zu unseren Kindern an.

Verlag Freies Geistesleben